機械翻訳

Thierry Poibeau
Machine Translation

歴史・技術・産業

ティエリー・ポイボー［著］
高橋聡［訳］
中澤敏明［解説］

森北出版

MACHINE TRANSLATION
by Thierry Poibeau
Copyright © 2017 by Massachusetts Institute of Technology

Japanese translation published by arrangement with The MIT Press
through The English Agency (Japan) Ltd.

目次

第 1 章　はじめに ————————————————————— 1

第 2 章　翻訳をめぐる諸問題 ——————————————— 5
翻訳するとは、どういう意味なのか　5 ／ 良い翻訳とは　6 ／ 自然言語をコンピューターで解析することが難しい理由　9 ／ 人工のシステムと自然のシステム　14

第 3 章　機械翻訳の歴史の概要 —————————————— 16
ルールベース翻訳：直接的な手法から、中間言語による手法まで　16
統計的機械翻訳の進化　20 ／ 機械翻訳の歴史のあらまし　22

第 4 章　コンピューター登場以前 ————————————— 24
普遍言語をめぐる議論　24 ／ 戦間期に登場した機械的な翻訳システム　27

第 5 章　機械翻訳のはじまり：初期のルールベース翻訳 ————— 30
先駆者たち　30 ／ 真の機械翻訳の黎明期（1950 ～ 1960 年）　36
幻滅の期間（1960 ～ 1964 年）　43 ／ その後の議論　45

第 6 章　1966 年の ALPAC レポートと、その影響 ————— 47
ALPAC レポートの内容　47 ／ ALPAC レポートの直接的な影響　50
1965 ～ 1990 年：長い停滞期間　52

第 7 章　パラレルコーパスと文アラインメント ——————— 57
パラレルコーパス、バイテキストという概念　58 ／ パラレルコーパスの入手　59
／ 文アラインメント　63

第 8 章　用例ベースの機械翻訳 —————————————— 69
用例ベース機械翻訳の概要　70 ／ 翻訳の用例を求めて　71 ／ 用例ベース機械翻訳の訴求力と限界　73

第 9 章　統計的機械翻訳と単語アラインメント ——————— 76
いくつかの例　77 ／ 辞書的アラインメントのさまざまな試み：IBM モデル　83 ／
翻訳（処理）段階　89 ／ 機械翻訳のルーツへの回帰　91

第 10 章　セグメントベースの機械翻訳 ──────── 92
　　セグメントベースの翻訳に向けて　92 ／ 統計的なモデルに言語情報を導入する　97

第 11 章　統計的機械翻訳の課題と限界 ──────── 101
　　言語の多様性という問題　102 ／ 新しい言語に対応する機械翻訳システムを、いか
　　に短時間で開発するか　105 ／ 統計が多すぎる？　108

第 12 章　ディープラーニングによる機械翻訳 ─────── 112
　　機械翻訳の用いられるディープラーニングの概要　113 ／ ディープラーニング機械
　　翻訳に伴う現在の課題　117

第 13 章　機械翻訳の評価 ──────────── 121
　　最初の評価キャンペーン　122 ／ 自動評価の手法を求めて　125 ／ 評価キャンペー
　　ンの普及　128 ／ 自動評価で得られた教訓　129

第 14 章　産業としての機械翻訳：商用製品から無料サービスまで ── 136
　　評価の難しい業界　136 ／ 機械翻訳の新たな応用技術　147 ／ 翻訳支援ツール　151

第 15 章　結論として：機械翻訳の未来 ──────── 153
　　商業上の課題　153 ／ 機械翻訳に対する認知的に健全なアプローチ　156

　　原注　159 ／ 用語集　162 ／ 参考文献と関連図書　166

　　解説（中澤敏明）　172
　　訳者あとがき　182
　　索引　186

凡例：上付きの数字は巻末の原注を指す。

第 **1** 章

はじめに

Introduction

◆　◆　◆

　イギリスの作家ダグラス・アダムスのコメディ SF『銀河ヒッチハイク・ガイド』シリーズ[1] では、片耳に小さい魚を 1 匹押し込んだだけでどんな言語でもたちどころに理解できるようになる。「バベルフィッシュ」と名づけられた、この夢のような発明は、言うまでもなく万能翻訳機のメタファーであり[2]、さらに広くとらえるなら、言語の多様性と相互理解という大きな問題にまでつながっている。その名前からして、聖書に登場する「バベル」から来ているのは、誰の目にも明らかだ。神が人の言葉を混乱せしめたために、人はお互いを理解できなくなったという、あの逸話である。

　何人もの思想家、哲学者、言語学者が、言語の多様性という難題に取り組んできた。最近では、そこにコンピューター科学者や数学者、エンジニアも加わっている。さらには、その多様性から生じる問題を解決しようとして、理論が生み出され、装置が作られてきた。コンピューターが登場すると（第二次世界大戦後のことだ）、この研究構想は機械翻訳のしくみを設計するという形をとり始める。ソース言語（起点言語：もとの言語）で書かれた文章の翻訳をターゲット言語（対象言語：翻訳語の言語）で自動的に生成できるコンピュータープログラムの誕生である。

　機械翻訳という構想はきわめて壮大で、人工知能の分野では大きな柱の

ひとつにさえなっている。言語の分析は、知識と合理的判断の分析から切り離して考えることはできない。哲学者から、人工知能や認知科学の専門家までこの分野に関心を示しているのも、そう考えれば納得がいく。ここで思い出されるのが、1950 年にアラン・チューリングが提唱したテストだろう[3]。人間がコンピューターと（ついたてを挟んで、お互いが見えない状態で）対話し、相手がコンピューターなのか人間なのか最後まで判断できなければ成功、そういうテストである。このテストは、翻訳という問題の本質に関わっている。実用的な対話型エージェントを開発するには、相手が何を言っているか理解する（少なくともある程度は）だけでなく、その内容から、どう受け答えすれば会話の流れを続けていけるか推論するところまで、あらかじめ想定する必要があるからだ。こうした条件をクリアできる機械があれば、それは一定の知能を獲得したと言っていいはずだ、チューリングはそう考えた。この問題はいろいろな波紋を呼んできたが、確実な対話システムには、理解と合理的判断のメカニズムが必要であるという事実だけは、少なくとも認めることができる。

　機械翻訳には、自動対話システムを作る以上に難しいプロセスがいろいろと絡んでくる。機械が示す「理解」の度合いは、ごく限定的なこともある。たとえば、ワイゼンバウムが 1966 年に発表したイライザ（ELIZA）というシステムは、心理療法士と患者との対話をシミュレートできたが、実際には、患者の発話から疑問文を導き出しているにすぎなかった。「○○が怖いんです」と患者が言うと、それを受けて「なぜ、○○が怖いんですか？」という疑問文を作ることができたのである。加えて、あらかじめ決まった会話パターンが通用しそうにない場合に備えて、既成の文もひととおり用意してあった。「いま考えていることを具体的に話してくれますか？」とか「本当に？」といった具合だ。これほどシンプルだったにもかかわらず、イライザは大成功を収めた。コンピューターを通じて本物の医師と会話していると信じた患者もいたほどだったという。

　機械翻訳を考えるとなると、事情はまったく違ってくる。翻訳では、原文の文章を深くまで理解しなければならない。しかも、別の言語に置き換

2

えるというのは、ニュースや技術文書であってさえ、高度で複雑なプロセスなのだ。もちろん、機械翻訳は小説や詩歌を訳そうとしているわけではなく、日常的な文章をできるだけ正確に翻訳することをめざしている。それですら途方もなく難しく、現在のシステムはまだまだ満足がいくにはほど遠いのである。

だが、そんな制限があるなかで、理論に絞った見方をすれば、機械翻訳はよくある古くからの問いかけを新しい視点で考え直す糸口になる。翻訳するとは、どういう意味なのか？　翻訳というプロセスには、どんな知識が必要なのか？　ある言語から別の言語に文章を置き換えることは、そもそもどうすれば可能なのか？　そうした疑問の数々を、本書では取り上げていく。

本書が、限られた紙数のなかでめざすのは、第二次世界大戦後に機械翻訳がとげてきた発展を概観することである。先駆けとなった時代の人物に触れることもあるが、基本的にはコンピューターで実現されてきた研究に話を絞っている。したがって、部分的には歴史を語っていくことにもなるが、それも機械翻訳という問題を直観的に伝えようとしているからにほかならない。詳しい技術的な内容を知らなくても、読者が主な原理を理解できるようにすること、それが本書の狙いである。なかでも、大規模な言語コーパスの統計解析に基づいた最近のアプローチも登場するが、その手法についての話は高度な技術に踏み込んでしまうので、そこに出てくる数学の話は、ばっさり切り捨てている。概要をつかむという目的には不要であり、詳細を知りたい方のためには、専門の技術書も数多く出版されているからだ。

本書はまず、機械翻訳のシステムを開発するときに解決しなければならない最大の問題に焦点を当てる（第2章）。続いて、機械翻訳の進化を手みじかにまとめた（第3章）のち、コンピューターの登場以前（第4章）から、ディープラーニング（深層学習）を応用した最新の技術（第12章）まで、機械翻訳の歴史をもう少し詳しく俯瞰する。そのなかで、この分野が始まってからの主なアプローチをひととおり紹介していくことになる。

ルールベースの手法（第5章）から、ALPACレポートとその影響まで（第6章）。その後、パラレルコーパスが登場（第7章）して1980年代以降この分野の研究に弾みがつき、用例ベースのパラダイム（第8章）から、統計的パラダイム（第9章）の大流行を経て、さらに最新の成果としてセグメントベースの手法（第10章）や、言語に関する知識を導入したシステム（第11章）が現れるという流れだ。一方、本書で取り上げるのは、機械翻訳に対する本流のアプローチだけにとどまらない。翻訳の評価という問題についても、人手による評価と自動評価の両面から論じ（第13章）、終盤近くでは、機械翻訳の商業利用や世界市場の現状についても解説する（第14章）。機械翻訳は、商業利用の観点から見ても急速に進歩しているが、いまや防衛からメディア、電気通信までの主要分野に欠かせない技術になっていることを踏まえて、その産業面の課題にも踏み込んでおくべきだからである。最後に、機械翻訳の現状を考察（第15章）し、今後の学習を進めるうえで有益な参考文献もあわせて紹介する。

第 2 章

翻訳をめぐる諸問題

The Trouble with Translation

◆ ◆ ◆

　機械翻訳について論じる前に、まず翻訳という概念そのものについて吟味しておくべきだろう。翻訳とはどんなプロセスなのか。どんな翻訳が良い翻訳と言えるのか。すでに多くの文献で論じられているが、本章でもまず、こうした問いが容易に答えられるものではないことを確認する。後半では、文を理解するという、人間にとっては簡単で当たり前のことが、処理能力の高いコンピューターにとってさえ、いかに難しいかを検証する。

翻訳するとは、どういう意味なのか

　この問いに対する答えは自明のように思える。翻訳するとは、ソース言語で書かれた文章を、ターゲット言語の文章に移し換えることだ、と。だが、自明のように見えるこの答えが、実はきわめて複雑な問題を内包していることは、容易に理解できるだろう。「文章を移し換える」とはどういうことなのか。ソース言語からターゲット言語に、どうやってたどり着くのか。2つの言語間で、どうすれば等価の表現が見つかるのか。翻訳の単位になるのは単語か、単語のかたまりか、それとも文か。そもそも、ある文章や表現の意味はどうすれば決められるのか。1つの文章は、誰にでも同じように理解されるのか。理解されないのだとしたら、翻訳のプロセス

5

でその問題にどう対処できるのか——。

　ここまでで明らかなように、翻訳は言語学に伴う多くの問題に関連しているが、それだけでなく心理学にも、さらには意味の性質を問おうとすれば、哲学にも関係してくる。そこまで複雑な（しかも、答えがありそうにない）疑問にまで立ち入るのは避け、「良い」翻訳の特性は何かということに話を絞ったほうが、おそらく意味があるだろう。

良い翻訳とは

　翻訳を扱うときの第一の難問は、「良い」翻訳の条件を一律には誰も決められないという点である。したがって、この方向で考察してもあまり進展は期待できないのだが、過去の研究からもある程度の基準は見いだすことができる。

◆ 「良い」翻訳の基準

　翻訳は、もとの文章に忠実でなくてはならない。もとの文章の主な特性、トーン（調子）やスタイル（文体）、思想の細部、全体の構成まで反映されている必要がある。ターゲット側での読みやすさと言語的な正しさの両方が求められるので、繊細な作りかえのプロセスが求められる。もとの文章を知らない読者が、翻訳と意識せずに読めるくらいが理想的である。つまり、定型句や慣用表現もすべて自然に書かれていなければならないのだ。

　したがって、翻訳者は原文を完全に理解する必要があり、ターゲット言語についてはさらに熟知している必要がある。プロの翻訳者が、たいていは自分の母語をターゲットとして翻訳をする理由もここにある。原文に書かれていることを正確に書き表すために用いる表現を完璧に理解し、知り尽くしていなければならないからである。

　とはいえ、こうした基準にどうしても主観が伴うことは否めない。ある読者が「良い」と考える翻訳が、別の読者には悪い翻訳ということになるかもしれない。プロの翻訳者でも、あまり詳しくない著者の作品を扱う場

合や、自分の翻訳がどんな用途に使われるのか分からない場合には起こりうる事態だ。

　翻訳に求められるものは、依頼者や時代、文章の性質、用途によって、ときには状況しだいで大きく異なる。技術文書が文芸作品と同じように訳されることはない。ターゲット言語の読者が住んでいる世界とかけ離れた世界を描いた文章については、もとの文章から特別な脚色が必要になる。たとえば、12世紀の日本語の文章を現代英語に翻訳する場合などだ。翻訳者は、もとの文章に忠実であろうとするのか、分かりやすいように言い換えを駆使するのかを選択しなければならない。歴史的な状況や、あまり知られていない出来事であれば特にそうなる。文章のトーンやスタイルというのも、かなり主観的な概念であり、扱う言語に関わってくる部分が大きい。

　こうしてざっと眺めただけでも容易に分かるように、あらゆる点が主観的なので、翻訳の評価は難しくなってしまうのである。

　一方、この問題については落とし穴もあり、それが文献でもたびたび指摘されている。逐語的な翻訳は、好ましい手法ではない。意味が通じにくかったり、ターゲット言語で不自然になったりするからだ。いわゆる「偽りの同源語」†や統語的な重複は、意味不明の原因になるので、言うまでもなく避けなければならない。たとえば、フランス語の "achèvement" は、英語ではそのまま "achievement 成果" ではなく、"completion 完了" と訳す必要がある。また、局所的な誤訳をしないように、翻訳する文章は全文、あるいは少なくとも大部分をまず通読しなければならないこともよく知られている。依頼者、文脈、翻訳文の用途も、ターゲットに合わせて翻訳を調整するうえで一定の基準となる。

◆ 機械翻訳にとっての影響

　ここまでに見てきたように、翻訳というのが高次の認知機能と言語機能

---

† 訳注：見かけ上だけ同源語に見える単語どうし、空似言葉。

を伴う複雑なプロセスであることは明らかである。翻訳者は、扱う2つの言語を自在に操らねばならず、ソース言語を、同じ言いまわしや同じ構造が存在しないターゲット言語で再構築できなければならない。

　そうしたスキルを、直接的に機械に求めることはできない。人工知能は、この観点ではまだ生まれたてに等しく、合理的判断、推論、再構築となると人間の能力には遠く及ばない。ある文を再構築するには、言語能力はもちろんのこと、概念の間にアナロジーを見いだす能力も必要になる。そして、アナロジーは単語や表現の間における等価よりはるかに複雑なのである。

　こうした限界については、ほかならぬ人工知能の開発者がよく理解している。文学を扱う機械翻訳システムを開発しようとする研究者はほとんどいない。機械翻訳は難しい課題であって完全な実現にはほど遠く、日常的な文章（ニュースや技術文書）に限るべきだというのが、研究者ほぼ全員の見解だ。小説や詩歌を翻訳できるのは人間だけであり、機械翻訳の目的はそうした翻訳者を置き換えることではない。いや、技術文書にさえ、それ相応の難しさがある。技術的に高度な語彙が使われているので、等価の翻訳を得るには、まずその語彙をシステムに取り入れなくてはならないからだ。機械翻訳が主としてめざすのは、一定の範囲でユーザーを支援すること、そして専門的な文脈であれば、人の翻訳が必要かどうかを判断することだ、というのが現在の認識である。

　機械翻訳で到達できる翻訳の総合的な品質についても、議論になることが多い。最終的なゴールは、人間の翻訳に等しい品質の翻訳を生み出すことにある。これは至難の業であり、そもそも明確に定めることすら難しいと、おおかたは合意されている。翻訳の品質は、翻訳される文章の性質や複雑さに関わってくるからである。

　長いあいだ、機械翻訳は局所的な技術を利用してきた。これは、ある程度まで逐語翻訳に相当するプロセスであり、複雑な表現まで考慮するようになってきた最近のシステムでもその基本は変わっていない。翻訳プロセスでは文章全体が重要な情報になるものだが、そのレベルの情報が考慮さ

れることはほとんど皆無だ。たとえば、文章のトーンやスタイルはほぼ必ず無視される。この種の情報は、難解すぎて自動システムでは定式化できないからである。

ある意味では、1文のレベルでさえ現在のシステムには複雑すぎる。現在のシステムは一般的に文単位の翻訳が前提であり、ある程度までは忠実なのだが、その翻訳プロセスでは通常、文の断片が用いられる[1]。したがって、完全な1文を翻訳するには、そうした部分的な断片の翻訳をつなぎ合わせることになる。したがって、機械翻訳がときどき変な結果を出したり、まったく意味を成さないことがあったりするのは当然なのだ。形態論（単語の構造を解析する）と統語論（文の構造を解析する）が考慮されることはほとんどないので、言語によっては決定的な影響が生じる。たとえば、屈折、つまり単語の形が文中における文法的な機能（主語、補語など）によって変化する度合いは言語によって異なる。それを踏まえれば、適切な統語解析（文中の各単語について、相対的な文法機能を解析すること）を行わずに、ターゲット言語の側で正しい語形を自動プロセスによって示すことはできないのだ。

もうひとつ理解しておきたいのは、コンピューターによる言語の処理が、機械翻訳より簡単な作業を扱う場合ですら難しいということだ。1つの言語には膨大な数の単語があり、しかもそこにさまざまな表層形式（"to dance"、"danced"、"dancing"）や異なる意味、構造がある。複合語（たとえば、"round table" は物ではなく「円卓会議」という事柄を表すのが普通）もあれば、軽動詞（"take a shower シャワーを浴びる" という表現で、take はほとんど意味的な内容をもたない）もある。成句つまり慣用句も厄介だ。たとえば、"kick the bucket" といったら「くたばる」の意味であって、文字どおり「bucket バケツ」を「kick 蹴とばす」わけではないのだから、話はますます複雑になる。このように、個々の単語だけではなく、複雑な表現を見分けなければならないのだ。次節では、こういった難しさをいくつか紹介する。

自然言語をコンピューターで解析することが難しい理由

　依頼者や文脈、あるいは対象となる文章のスタイルに関する情報の欠落を別にすると、翻訳に伴う最大の問題は、翻訳という作業そのものにある。自然言語（対義語は「形式言語」。コンピューターで用いられるプログラミング言語などを指す）の処理は、それ自体が難しい。自然言語の根底には、不明瞭性と曖昧性があるからだ。

◆ 自然言語の曖昧性

　言語学者もコンピューター科学者も、コンピューターが登場して以来、自然言語処理に関心をもってきた。コンピューター言語学とも呼ばれる分野だが、自然言語処理は簡単ではない。そもそもコンピューターは、言語とは何かをまったく知らないからだ。そのため、単語、句、文といった定義を指定してやらなければならない。ここまでなら、話はそれほど難しそうに聞こえないかもしれない（それでも、"isn't it" とか "won't"、"U.S."、"$80"といった表現を見れば、単語とは何か、いくつの単語でできているのかは必ずしも明確とは限らないのだが）。同じように単語で構成されていると考えれば、形式言語とそれほど違わないとも言えそうである。大きく違うのは、自然言語では、どんな単語にもどんな表現にも曖昧性があるという事実だ。

　よく知られたところでは、たとえば "the chicken is ready to eat" とか "there was not a single man at the party" といった文がある。教科書どおりの例文で、いささか強引な気もするが、言語処理に伴う代表的な問題がよく分かる例だ。1つ目の例は、「鶏が何かを食べようとしている」ところなのか、「人が鶏肉を食べようとしている」ところなのか。2つ目の例は、パーティーに「人っ子ひとりいなかった」という意味なのか、それとも「独身の男がひとりもいなかった」という意味なのか。これらは極端な例だとしても、曖昧性はいたるところにあり、日常的な単語や表現につきものだという事実は動かしようがない。この例だけでも、"chicken"は動物あるいは食肉かもしれないし、臆病者を表しているのかもしれない。

"party" には、「an organization to gain political power 政治的な権力を もつための組織」、「a group of people gathered together for pleasure 人 が楽しむために集まること」、「a band of people associated temporarily in some activity ある活動で一時的につながった人の集まり」、「an occasion on which people can assemble for social interaction and entertainment 社交的な付き合いや娯楽のために人が集まる機会」、さら には「a person involved in legal proceedings 訴訟手続きに関与する人」 という意味まである（WordNet[2]による定義）。また、「have or participate in a party パーティーを催す、パーティーに参加する」という動詞の意味 もあるのだ。

　このような問題に対する答えとしては、「いろいろある意味を、すべて 辞書に記録すればいい」という考え方もある。実際にそういう辞書は存在 するとも言える。先ほど引用した WordNet がそうで、これは人だけでな くコンピューターにも使える語彙データベースである。だが、これが現実 的な解法でないことは、すぐに分かるだろう。かりに、あらゆる意味を辞 書に登録したとして、では適切な生起の適切な意味（つまり、文脈で使わ れる単語それぞれ）を選び出すにはどうすればいいのか、という問題が残 るからだ。

　一般的な辞書には、およそ 5 万から 10 万の見出し（個々の単語）が収 録されているが、表層形式、つまり実際の文章に現れる形はそれよりずっ と多くなる。たとえば、"texts" は辞書の見出しになっていない。"text" という単語の 1 つの表層形式にすぎないからだ（"texts" は "text" の複数 形であり、利用者はそれを知っていることになっている）。一般の人が引く辞 書はほぼすべて、これが大前提と考えられている。辞書は、名詞なら単数 形、動詞なら原形しか載せない。このように、単語として辞書に載ってい る形のことを「見出し語形」と呼ぶ。英語なら表層形式の数は限られてい るが、フランス語のような言語では厄介になってくる。フィンランド語に いたっては、格が 12 以上あり、さまざまな形で組み合わされる接尾辞や 助辞もたくさんあるので、表層形式の理論上の数は無限とも言えるくらい

に膨らむ。このような形をすべて辞書に収録するのは、賢いとは言えないだろう。

難しさは、これで終わりではない。単語や表現の意味をどれかに決めるには——ここで使われている"party"は「政治的な権力をもつための組織」なのか、「人が楽しむために集まること」なのか——、文脈も考慮しなければならない。だが、文脈もそれ自体が曖昧なもので、解決はほとんど不可能にも思えてくる。そのうえ、単語の意味はきっぱり分けられるとは限らず、「単語の用法は、辞書の定義が並んでいる、その狭間に当てはまることが多い」とも言われている（Kilgarriff, 2006）。これも、言語に不明瞭さが多いために引き起こされる大きな結果のひとつである。

逆説的に聞こえるかもしれないが、人間はコンピューターほど高速かつ正確に数字を処理できない一方で、実はこのような言葉の問題の処理はめっぽう得意だ。私たちのほとんどは、たいていの文を曖昧だとは思わない。考え出したら無数の意味がありそうな場合でさえそうだ。言語の複雑さにはこうした面もあるのだが、これは自然言語処理の初期の研究ではほとんど理解されていなかった。というより、正確に言えば、こうした複雑さは大部分が軽視されていた。

言語が処理されるしくみ（具体的には、ある発話が理解されるしくみ）は、脳神経画像を撮影できるようになった今日でさえ、ほとんど解明されていない。理解とは、自然で直接的で、大部分が無意識なものだ。ある文の意味論的表現を把握するために、あらゆる可能性が考慮されているとは、とても考えられない。コミュニケーションの文脈があれば、脳はおそらく直接「正しい」意味をはたらかせ、別の可能性は検討すらしないのだろう。これと似た話としてよく引き合いに出されるのが、奥行きの手がかりがない透視図で描いた立方体の図、いわゆる「ネッカーの立方体」である（図1）。

この図は、立方体のどの面が前でどの面が後ろかを特定できる手がかりがないことから「曖昧」である。だが、人間はこの図の性質と矛盾せず、しかも合理的な見方をひとつだけ自然に選択するということに、ネッカー

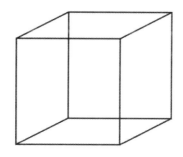

図1 ネッカーの立方体。ルイス・アルバート・ネッカーが 1832 年に考案した錯視図として知られる（画像は、Wikimedia Commons の CC BY-SA 3.0 ライセンスによる。https://commons.wikimedia.org/wiki/File:Necker_cube.svg）

は（それ以前の他の研究者も）気づいた。両方の解釈、つまり 2 通りの立方体の見方が成り立つとしても、それを同時に意識することはできない。脳内で固定された認識と矛盾するからである。知覚の癖と遠近法を巧みに利用したエッシャーのだまし絵を連想する向きもあるだろう。これらの絵は、空間の描き方についての固定観念に反する表現を拠り所にしている。

　このような例を見ると、人間の脳は固定化された図式に従って知覚を解釈（ときには修正）できるということが分かる。この理論が「ゲシュタルト」の概念とも合致することは、これ以上の言葉を費やすまでもなく明らかだろう。脳は、部分から全体を、全体から部分を解釈するという考え方である。この概念を言語に当てはめてみれば、単語の意味は大部分がそれより広い文脈によって決まり、逆に文脈はそれを構成する単語の意味によって決まると言える。人間の脳では、解釈が動的に補完構築され、それがごく自然に無意識に行われるということである[3]。

◆機械翻訳にとっての影響

　本章で見てきたように、自然言語処理で大きな問題になるのは曖昧性である。単語の意味を決めることが、そもそもきわめて難しい。意味は文脈に依存するが、文脈という概念それ自体が不明瞭で曖昧だからである。

　もうひとつ、単語ごとの意味（通例、「語義」と呼ぶ）の数を決めるのも、

未解決の問題だということを付け加えておこう。語義の数は辞書によって違い、分類が細かくて意味の説明が詳しい辞書もあれば、単語あたりの語義の数を制限する辞書もある。その判断は、概念の選び方と、対象読者によって異なっている。

　こうした問題があるにもかかわらず、質の高い翻訳を生み出すには、まず文の意味を隅々まで正確に書き表す必要があるというのが、これまで一般的な前提だった。そのため、機械翻訳の進歩も、文章理解の発達に結び付けて考えられてきた。それが、しばらくの間この分野を前進させてきた歴史は、次からの各章で見ていくとおりである。だが、この前提が現在大きく変わりつつある。統計的なアプローチでは、ウェブ上で入手できる大量の文章を利用して言語間の等価を計算できるので、あらかじめ定義された辞書や、高度な形式重視の手法は不要になる。第9章～第12章では、そうしたモデルがどのくらいの精度を達成しているか、そして意味論的な情報をどの程度まで避けているか（または取り込んでいるか）について論ずる。

人工のシステムと自然のシステム

　機械翻訳の分野で盛んに論じられているのが、翻訳するときに人が用いる方針を、人工知能はどの程度まで再現すべきかという問題だ。言い換えれば、プロの翻訳者が実践しているやり方を観察して学習することは可能か、ということでもある。

　これもやはり難しい問題で、翻訳という作業に伴う認知プロセスについては、ほとんど何も分かっていないということを強調しておかなければならない。しかも、翻訳の方針は翻訳者によっても大きく異なる。すでに論じてきたように、翻訳が単純に逐語的なアプローチで済まないことは明らかだが、プロの翻訳者や通訳者が文の統語解析や意味解析を体系的に細かく実行しているかというと、そうとも限らない。たとえば、プロの通訳者（音声を同時に翻訳する）は、特に長文になってくると、文を最後まで聞か

ず単語の半自律的なまとまりごとに訳していくことが多い。

　このアプローチは、統計的機械翻訳に通じるところがある。統計的機械翻訳は、翻訳する文の詳しい解析を実行せずに、まとまって機能する単語のグループを識別するからである。もちろん、統計解析が統語上の制約にあまり依存せずに決まった単語のまとまりを抽出するのに対して、通訳者は文の中である程度は自律的な単語のまとまり（通常は完全文）を常に選択するので、この類比は正確なものではない。それでも、言語についての精神分析で示されているとおり、人間は複単語表現（複合語、成句など）を1つの単位として認知するが、統計的機械翻訳も同じように認識するのがかなり得意なのである。

　この観点は、最近の実験でも裏付けられている。高度な統語構造であっても、一定のパターンに符合する場合があるからだ。そうした構造は、「構文」（一定の構造として脳に記憶される統語と意味）と呼ばれ、「プレハブ」（短時間で組み立ててモジュール式建築を作れる、プレハブ資材でできあがる住宅になぞらえて）と呼ぶこともできる。このフレームワークでは、従来のアプローチほど統語に重点が置かれない。文は「プレハブユニット」の集まり、言い換えれば、複雑な連続として脳に記憶されているものの集まりと見なされる。この仮説が正しければ、解析は容易である。脳は、個々の単語の意味をくみ取る必要がなくなり、高次のユニットに直接アクセスできるので、文を理解するプロセスの曖昧性も複雑さも全体的に減るからである。

　このように、これまでの通念とは違って、文の完全な理解と抽象表現に基づく中間言語が、認知科学的な観点から最も現実的なシステムだとは断言できなくなっている。この問題については、機械翻訳の分野で検討されてきた各種のアプローチを詳しく説明したうえで、また戻ってくることにしよう。

第 3 章

機械翻訳の歴史の概要

A Quick Overview of the Evolution of Machine Translation

◆ ◆ ◆

　本章では、機械翻訳という分野が始まってからこれまでに登場してきた各種のアプローチと、主な傾向について考察する。詳細な各論に入る前に、まず機械翻訳の歴史の大筋と主な課題をおさえておきたいからである。そのうえで、それぞれのアプローチの詳細は第 4 章以降で展開する。

ルールベース翻訳：直接的な手法から、中間言語による手法まで

　機械翻訳には、さまざまな手法と各種の技術が使われてきた。たとえば、ある言語から別の言語へ翻訳する直接的な手法もあれば、中間表現を用いて、まず翻訳する内容の抽象表現を試みる間接的な手法もある。このときの中間表現が言語に依存しないものであれば、1 つの原文から複数のターゲット言語への直接翻訳が可能になる。

　どのシステムも、問題に対するアプローチはそれなりに独創的である。だが、話を分かりやすく簡単にするために、たいていの教科書にならって、さまざまな手法を 3 つのカテゴリーに分類することにしよう。

1. **直接翻訳方式**。ソース言語からターゲット言語へ直接、中間表現を介することなく翻訳を生成する。一般的には辞書ベースで、まず辞書か

ら逐語的に翻訳を生成する。次に、精度の違いはあるにもせよ、何らかの複雑なルールで単語を並べ替え、ターゲット言語で求められる正しい語順にできるだけ近づける。統語解析は行わず、並べ替えルールを表面的な形式に対して直接適用する手法である。

2. **トランスファー（変換）方式**。直接翻訳方式よりやや複雑になり、一定の統語解析が導入される。統語解析コンポーネントで得られた原文の構造を利用できるので、逐語的な直接翻訳方式の限界は回避できる。直接翻訳より自然な結果が得られるとされているが、それには統語コンポーネントによって、ソース言語とターゲット言語に関する的確な情報が得られることが条件となる。

3. **中間言語方式**。最も大がかりなシステムで、翻訳対象に対する一定の形式的な表現を利用する。中間言語という概念については、かなり研究が重ねられており、当初から根源的な疑問も持ち上がっている。翻訳対象の文を適切に表現するには、中間言語をどのくらい深く、どのくらいの精度にする必要があるのかという疑問である。完全に人工的な言語を開発するとなると、かなり煩雑な作業になるので、英語を中間言語として用いることが多い。だが、これは中間表現として正式ではなく言語非依存でもないので、実際には誤解を招きやすい。したがって、中間言語として特定の自然言語を用いる場合には、「ピボット言語」、あるいは単に「ピボット」と呼ぶほうがよい（いま述べたように、ほとんどの場合は英語だが、過去にはエスペラントなど他の言語が選ばれたこともある）。このシステムで言語Aを言語Bに翻訳するときには、まずAの内容をピボット言語に変換し、次にピボットから言語Bに翻訳することになる。

以上3つの手法は、文章の表面にごく近い（逐語翻訳）手法から、どの言語にも依存しない完全に人工的な抽象表現を作り出そうとするシステムまで、ひと続きになっていると考えていいだろう。こうした各手法を特徴

的な図としてまとめたのが、いわゆる「ヴォクワのトライアングル」で、その名前は 1960 年代に活躍したフランスの研究者にちなんでいる（図2）。

この三角形の底辺にあるのが直接翻訳方式、つまり逐語翻訳である。この方式では、原文を解析する必要がないため、最もシンプルなケースであれば単純な対訳辞書があれば事足りるが、この手法がうまく機能しないことは言うまでもない。どの言語にもそれぞれ特殊性があり、逐語翻訳は拙劣な手法として回避すべきだというのは周知の事実だからである。それでも、書かれている内容についてざっとした情報をつかむことはできるし、2 つの言語がごく近い場合（同じ語族、同じ構文など）には許容範囲に収まるかもしれない。

機械翻訳の歴史が始まるのと同時に、研究者たちは言語の構造まで考慮するもっと高度な手法も開発しようとしてきた。「トランスファー（変換）規則」という概念は、1950 年代に登場している。ソース言語からターゲット言語へという過程では、言語単位（成句、さらには句）を形成する単語

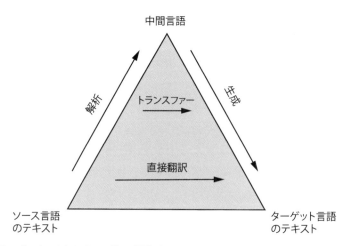

図2　ヴォクワのトライアングル（画像は、Wikimedia Commons の CC BY-SA 3.0 ライセンスによる。https://en.wikipedia.org/wiki/File:Direct_translation_and_transfer_translation_pyramind.svg）

のまとまりをどのように翻訳するか、その情報が必要となる。文の構造は多様すぎて、直接そのまま計算に入れることはできないが、文を断片（チャンク）に分けたうえで、個々の規則を用いて翻訳することはできる。たとえば、形容詞をフランス語では名詞の後ろに置くのが普通だが、英語では名詞の前に置く。これをトランスファー規則で指定すればいいわけだ。"je veux qu'il vienne" と "I want him to come" のような構文なら、さらに複雑な規則を適用することになる。ここには、二言語間で逐語単位の厳密な対応関係はない。"I want that he comes" はあまりいい英語ではなく、"je veux lui de venir" となるとフランス語では文法的に誤りとなる。

　トランスファーという概念を意味レベルに適用することも可能で、文脈に応じて単語の適切な意味（たとえば、文中のある場所に出現する "bank" が、川岸を表すのか、金融機関を表すのかなど）を選択することもできる。だが現実的には、これをすべて手作業で処理しようと思ったら大変なことになる。特定の単語が使われる文脈をすべて予測することは不可能だからである。同じ理由から、これは機械翻訳の初期の段階ですでに、解決の難しい問題であると判明していた。だが、次章以降で見るように、ごく最近では統計的手法でもっと満足のいく結果が出るようになってきた。大量なデータの分析によって —— 大量データの処理は、まさにコンピューターが得意とし、逆に人が不得手とする領域である —— この問題を正確に処理できるようになってきたからだ（少なくとも、その問題の形式モデルを明示的に指定すれば）。

　最後に重要なのが、中間言語という概念に基づくもうひとつのシステムである。トランスファー規則は、当然ながら常に2つの言語（前述の例でいえば、英語とフランス語）を扱うため、対象となる新しい言語ペアごとに調整しなければならない。中間言語という概念は、言語に依存しないレベルの表現を提示することでこの問題を回避するために提唱された。トランスファー方式と比べると、中間言語方式では原文から中間言語表現に置き換える解析コンポーネントが1つは必要になるが、中間表現があれば複数の言語で直接的な翻訳を生成することができる。ただし、中間言語表現か

らターゲットの文章を生成するには、「生成モジュール」が必要になる。つまり、中間言語の抽象的な表現を、訳文言語で言語的に有効な文に移し換える部分である。

中間言語方式は、原文を完全に理解する必要があり、訳文言語で言語的に有効な文を正確な生成コンポーネントによって生成しなければならないという点で、非常に意欲的と言える。しかも、前章で見たように、文章を理解するというのは、かなり抽象的な概念なのだ。「理解する」とはどういう意味なのか。翻訳できるためにはどんな情報が必要なのか。この分野の最新技術を考えたとき、理解のプロセスを形式化することはどの程度まで可能なのか——。こうした難しさから、果敢なグループが何年間も研究を重ねたにもかかわらず、中間言語方式が大規模なスケールで導入されることはなかった。そのくらい、問題は複雑なのである。表現された情報や類推される情報は無限であり、文章を理解するというのはそれを再構築することにほかならない。これが、きわめて高度な課題であり、現在の技術力をはるかに超えていることは明らかだろう。

統計的機械翻訳の登場

前節で示した3分類の機械翻訳方式に挑むように、1990年はじめに、統計的機械翻訳という新しい方式が出現する。大量の文章、特にインターネット上の文章が利用できるようになり、コンピューターの容量も発達したことから、この分野で革新が進んだためである。

現在の実務的な機械翻訳システムのほとんど、特に広く使われているGoogle翻訳やBing翻訳などは統計的な手法に基づくシステムであり、前述した分類に完全には収まらない。統計的機械翻訳は、大規模な対訳辞書や、人が作った規則に依存しないのが特徴である。初期の統計的翻訳は、一種の直接翻訳方式を実装していた。大量のバイリンガルデータ（当初は専門の国際機関から収集していたが、最近ではほとんどの場合、ウェブ上から採取されている）を直接参照して、2つの言語間で語の等価を見いだそう

とするものだったからである。

　最近の統計的翻訳は、これよりはるかに高精度になっている。個々の単語を扱うのではなく、ひとつのまとまりとして訳す必要がある単語の連続（複合語、成句、慣用句、あるいは単に複数語でできたよくある並び）を特定できるようになったからである。最新のシステムは、文のレベルで直接、問題に取り組もうとする。統計的翻訳システムは、独自の内部表現を利用しており、一般的にこれは人間が直接読み取れる形ではない。したがって、そうした表現の性質について、次のような点を考えておかなければならない。意味情報はどのくらいまで表現されるのか。統計的翻訳と、人間による言語の扱い方の間に、何らかの類似性は見いだせるのか――。

　統計的翻訳が成功しているのは、言語間に頻出する等価だけでなく、文章中の慣用句まで、純粋に統計的な解析に基づいて把握できるからにほかならない。すでに述べたように、意味というのは形式的に定められるものではなく、言葉の使い方に従うものなので、規則性や、特定の文脈での使い方を検出するうえで、純粋に統計的な手法がきわめて有効なのである。しかし、長いあいだ、等価性は局所的なレベルでだけ計算され、文章の断片しか考慮されてこなかった（オンラインで利用できるシステムの多くは、現在もそうである）。断片が重複することも多い。そうなると、あらゆる断片と等価性について意味を理解することが最大の難関になる。統計的翻訳では、多数の断片を組み立てて、文法的に正しい文を生成しなければならない。そうした断片の間で情報が矛盾している場合もあって、完全な等価は望めなくなる。言ってみれば、10セットのジグソーパズルをごちゃ混ぜにして、そのピースから1つの絵を組み立てていくにも等しい作業なのだ。

　第12章では、ディープラーニング（深層学習）に基づく最新のアプローチについて概要をお伝えする。これもまったく異なる新しいパラダイムであり、文レベルで直接、解を得ようとする。そのため、ディープラーニングによるアプローチは、かなり精度の高い結果を生成する可能性を秘めている。

機械翻訳の歴史のあらまし

機械翻訳の歴史は、以下のようにまとめることができる。

- 1940 年代以前にも、翻訳を自動化するという課題に取り組んだ研究者はいたが、そうした先駆的な研究が注目されることはなかった。実際に開発してテストするまでには至らなかったからである。

- 1940 年代から 1960 年代なかばには、最初のコンピューターが登場し、実用的な機械翻訳システムの開発が複数のチームで始まる。この研究の発展に対する期待は高かった。まだアプローチはごく素朴だったが、さらに抜本的な構想をすでに抱いていた研究者もおり、将来性があったものは、のちに再発見されることになる。

- 1965 年から翌 66 年にかけて、ALPAC レポートが発表された。アメリカの資金援助機関などで組織された委員会によるレポートで、これが機械翻訳の分野に大きな影響を及ぼす。同レポートの結論は、機械翻訳についてきわめて否定的であり、それまでの研究を不完全で無益なものと断じていたからである。すでに大幅に削られつつあった資金は、さらに先細りになっていった。ただし、このレポートについて留意したい点もある。この分野で文章理解（根本的には、構文解析と自動的な意味解析）の発展を促すためには、コンピューターと言語学にまたがっていっそう根源的な研究を進める必要があると強調されていたことである。

- それ以降、1980 年代の終わりまで、特に英米の機械翻訳の分野では、見るべき成果はほとんどなかった。それでも、ヨーロッパや他の国では新しい研究グループも生まれ、またこの間にはコンピューター言語学が開花して、書き言葉だけでなく音声言語についても研究が進んでいる。1960 年代から 70 年代には、解析（自動統語解析）、意味論、文章理解なども大幅な発展を見せた。まさに、1966 年の ALPAC レポートが提唱

していたとおりになっていったのである（第5章を参照）。

- 1990年代に入ると、統計学と超大規模な対訳コーパスに基づく新しいアプローチが登場する。この潮流は明らかに、1980年代の終わりから90年代のはじめに、IBMの研究グループが執筆した一連の画期的な論文から生まれたものだった。その論文は、自然言語処理において統計的ならびに経験的なアプローチが発達したこともあって、相当の影響力があった。今日、特に広く利用されているシステム（Google翻訳、Bing翻訳など）はすべて、このアプローチのバリエーションを利用している。

- ごく最近では、ウェブ上で自動翻訳の需要が急増してきたことを受けて、数十年に及ぶ苦闘の末に、機械翻訳がコンピューター言語学の中心的な存在に返り咲く結果となった。2010年代なかばから、この分野を根本から変えつつあるのが、ディープラーニングに基づく新しいアプローチである。

それでは、以上のような各段階の機械翻訳を詳しく検証し、そのアプローチと主な課題、そして各システムの限界について見ていくことにしよう。

第 4 章

コンピューター登場以前

Before the Advent of Computers ...

◆ ◆ ◆

　機械翻訳の発展は、コンピューターが登場して、科学者たちが完全自動の翻訳プロセスを構想できるようになったことと密接に関わっている。だが、それだけでなく、機械翻訳の可能性はそれ以前から哲学的、宗教的、あるいは学究的な思索の対象にもなってきた。そうした思索も、この分野の歴史を考えるうえでは非常に重要である。最終的にプロトタイプの設計が登場するのは 20 世紀なかばのことで、それが 1950 年代以降に開発されるシステムの原型となっていった。

普遍言語をめぐる議論

　この観点に関係して以前から続いているのが、普遍言語の探究である。かりにそのような言語が存在するとしたら、普遍的であるという性質上、翻訳の必要性はなくなるはずである。もっと現実的には、既存の言語の間で翻訳を容易にする人工言語を考えてもいいだろう。それが機械翻訳にとって鍵になることは言うまでもない。普遍言語というこの概念については、多くのグループが研究を重ねてきた。そうした発想から生まれたシステムを「中間言語」と呼ぶのは、前章で見たとおりである。

◆ 長い伝統

　ヨーロッパには古くからの伝統として、「アダムの言語」という言い方
がある。バベルの塔の逸話以前に人が話していたとされる、仮説上の普遍
言語のことだ。ライプニッツ（1646 〜 1716）はこれに興味を示したが、
早い段階で部分的にその伝統に見切りをつけたひとりでもあった。アダム
の言語を近代語から再発見することはできないと考えたからである。それ
でもライプニッツは、言語における曖昧性をなくそうとする研究を進めて
はいる。いわゆるアダムの言語とは一線を画する新しい人工言語を定める
ことによって、倫理上、法律上、あるいは哲学上のジレンマなど、さまざ
まな問題を解決しようとしたのだ（Leibniz 1951）。

　この問題については、デカルト（1596 〜 1650）[1]もライプニッツと並ん
でよく引き合いに出される。普遍言語という考え方や、既存の言語との関
係に興味をもっていたからである。デカルトが普遍言語を提案した、次の
一節を見てもらおう。

> 「aymer、amare、philein（いずれも、「愛する」の意）という語と、そ
> れぞれの同義語に対応する記号を辞書に登録すれば、その辞書さえあ
> れば誰でも、そうした記号で書かれた本を翻訳することができる」（デ
> カルト、メルセンヌ[†]に宛てた書簡、1629 年 11 月 20 日）

　この一節が、機械翻訳の先駆者たちを触発することになる。デカルトの
提案は、言葉を曖昧性のないコードに置き換えようとするものだったから
である（書簡で言及されている「記号」は、当該の言語から独立した数値コー
ドに当たり、デカルトの提案では記号で言葉を置き換える）。

　こうした提案に続いて、17 世紀のヨーロッパでは「数値辞書」を作ろ
うとする試みもあった。数値辞書とは、言葉や概念に特定の数字（識別子）
を対応させた辞書のことである。ケイブ・ベック（1657 年）、ヨハン・ヨ
アヒム・ベッヒャー（1661 年）、アタナシウス・キルヒャー（1663 年）、ジョ

[†]訳注：マラン・メルセンヌ。デカルトと同時代の神学者。

ン・ウィルキンズ（1668 年）などの業績が知られている。ハッチンス[2]によると、ベッヒャーによる辞書は 1962 年にドイツで、『On mechanical translation: A coding attempt from 1661（機械翻訳：1661 年のコード化の試み）』[3]として再版されたという。また、フランスではジョゼフ・ド＝メミィユが 1797 年に普遍的な表記法、つまり書き方のことを表す "pasigraphy 普遍文字" という用語を考案しており、Arman-Charles-Daniel de Firmas-Périés も 1811 年に同様の体系を発表している。主な用途はメッセージの符号化と復号で、基本的には軍事目的だった。

　ただし、このような構想を機械翻訳の直系の前身と見なすのは難しい。ライプニッツとデカルトの場合は、哲学上、論理上、倫理上の問題を解くことが本来の目的だった。著作のなかでは、たしかに言語と翻訳の問題も取り上げているが、ふたりの研究が自動翻訳という概念の土台になったとは言いがたい（メルセンヌとデカルトの往復書簡では、翻訳が話題になることも多かったのだが）。ライプニッツとデカルトの研究も、それに続く符号化の体系も、のちの多くの研究者にとって、インスピレーションの源にはなったものの、現実的なシステムの開発に利用された形跡はないのである。

◆ 人工言語

　普遍言語という考え方から想起されるのは、やはり人工言語だろう。なかでも、ヴォラピュクとエスペラントがよく知られている。ヴォラピュクは、ヨハン・マルティン・シュライヤー（1831 ～ 1912）が 1879 年に考案した人工言語であり、エスペラントはルドヴィゴ・ラザーロ・ザメンホフ（1859 ～ 1917）が異なる母語話者どうしのコミュニケーションを助ける目的で考案した。ザメンホフは、Lingvo Internacia（国際語）と称するプロジェクトを 1887 年に発表したが、そのとき使ったドクトーロ・エスペラント（「希望する医師」の意）という偽名が、のちにこの言語の名前として定着することになった。どちらも、通商と友好的な協力関係を促すために 19 世紀末に生まれたものである。

　どちらの人工言語も、かなり高度な体系であり、語彙と文法を備えてい

たが、機械翻訳に積極的に使われたことはほとんどない。エスペラントのほうは、1980年代にEuropean Distributed Translation Language（欧州広域翻訳言語）プロジェクトで、また日本の富士通の社内で使われた例があるものの、いずれも完成には至らなかった。つまり、人工言語は自動翻訳システムで積極的に使われるリソースというより、あくまでもインスピレーションの源にとどまっているということだ。その理由のひとつは、人工言語があくまでも人間のために創案された言語にすぎないという点にある（エスペラント自体は、さまざまな現代ヨーロッパ語に基づいている）。コンピューターで直接扱うことを想定した言語の特性は備えていないのである。1990年代になると、ユニバーサルネットワーキング言語（Universal Networking Language）というプロジェクトが、コンピューターで直接扱える人工言語の開発をめざしたが、これも今のところほとんど利用されていない。

戦間期に登場した機械的な翻訳システム

1930年代には、ふたりの研究者が多言語辞書と半自動翻訳を目的とする機械式のシステムを考案する（詳細は、Hutchins 2004を参照）。

◆アルトゥルーニーの「人工頭脳」

1つ目が、フランスのエンジニア、ジョルジュ・アルトゥルーニーの研究である。アルメニア生まれで、ロシアで学問を修めたのち1922年にフランスに移り住んでいる。1933年7月、アルトゥルーニーは「人工頭脳」についての特許を出願。現在のコンピューターの前身というよりは、各種情報の格納と取り出しを自動的に行う装置だった。試作機が2台作られ（1932年から1935年のあいだと推定される）、一般公開のときには大きな話題を呼んだという。1937年のパリ万国博覧会でグランプリを受賞し、現存するモデル2台がパリ工芸技術博物館に保管されている。

1930年代の後半になると、大量の情報を扱う組織の多くから、この装

置に大きな期待が寄せられた（アルトゥルーニーの特許では、この装置は鉄道時刻表や電話帳の検索、辞書の単語の検索を自動化すると記されていた）。だが、第二次世界大戦が勃発して、そうした計画は頓挫する。そして、大戦後にはコンピューターが登場して、純粋に機械的な装置は忘れ去られてしまうのである。

　アルトゥルーニーのシステムは翻訳に特化したものではなかったが、アルトゥルーニー自身は当初から、翻訳も有望な分野だと強調している。複数の言語の言語的データ（単なる単語）を紙テープに記録できる装置だった。各単語は、パンチカードと同じ原理で紙テープに沿って開けられた穿孔を利用して符号化される。キーボードを使って検索語を指定すると、対応する翻訳を符合の紙テープから自動的に検索できるというしくみだった。

　だが、この装置も、そこから先に進むことはできなかった。アルトゥルーニーは言語学者ではなく、機械翻訳という難関に取り組むことはなかったからである。それでも、アルトゥルーニーの記録を見ると、多言語辞書を利用する完全自動のシステムを初期に考案したひとりだったことは間違いない。この装置について、きわめて現実的な使い方も考案している。たとえば、電報のように簡略な文体で文章を書けば、逐語的な翻訳が可能になるはずだと考えたのである。また、複合語のようにもっと複雑な言語単位を直接この装置に格納することも計画していた。ただ、データの符号化に膨大な時間と手間がかかるという点に限界があった。

◆スミルノフ＝トロヤンスキーの翻訳支援環境

　2つ目は、ロシアの大学で教鞭を執っていたピョートル・ペトロヴィッチ・スミルノフ＝トロヤンスキー（1894〜1950）が特許を出願した装置である。単語を選択して符号化し、複数の言語間で翻訳を実現するとされていた。

　スミルノフ＝トロヤンスキーが考案したのは、ある程度までアルトゥルーニーの装置に近い作業環境だった。単語を装置に指定できるしくみが

あり、対応可能な各言語の翻訳を示すことができる。アルトゥルーニーの装置と違って、スミルノフ＝トロヤンスキーの発明はもっぱら翻訳用だった。

スミルノフ＝トロヤンスキーの発明が画期的なのは、単なる単語の符号化と翻訳を超えていることだ。文中の単語の機能を表せる 200 の原始要素[†]をもつシステムで、ターゲット言語において正しい翻訳を生成しようとするものだった（スミルノフ＝トロヤンスキーが扱ったのはロシア語で、名詞と形容詞が文中の機能に応じて屈折を起こす）。解析の際には、翻訳する単語が主語か目的語か、動詞の時制が現在形か半過去かなどを指定する必要があった。そこから先の処理を装置が引き継ぎ、翻訳として正しい単語を選び出すのである。

この発明が特徴的なのは、装置にだけではなく作業環境に焦点を置いていたところである。翻訳者は、装置の力を借りながら単語レベルで翻訳要素を見つければいいという観点で設計されていた。そのうえで、プロの編集者あるいは翻訳者が最終段階で介入し、文章を編集して文体論的な観点から修正を施すのである。スミルノフ＝トロヤンスキー自身は機械翻訳の難解さにこそ触れていないものの、完全な自動翻訳ではなく、翻訳支援の環境を思い描いていた点は注目に値する。次以降の章では、自動的に処理された翻訳の品質には依然として問題が多いこと、そして機械翻訳を人間が編集して効率的に修正するという作業のあり方について見ていく。

このふたりの構想に注目すべき点は多いが、どちらもほとんど忘れ去られていることは指摘しておきたい。アルトゥルーニーのシステムは、戦後になると立ち消えになった。電子的な装置のほうが機械式の装置よりはるかに強力であり、将来性があるのは明らかだったからだ。一方、スミルノフ＝トロヤンスキーの作業環境は、実働するシステムに至らず、完全自動の翻訳システムの前にほとんど顧みられなくなっていった。

[†]訳注：単語の中核的な意味のこと。これを集めると、当該の自然言語に応じて、さまざまな形で表現される複合的な概念の意味を表すことができる。

第 5 章

機械翻訳のはじまり：初期のルールベース翻訳

The Beginnings of Machine Translation: The First Rule-Based Systems

◆ ◆ ◆

　第二次世界大戦が終わり、最初のコンピューターが登場すると、すぐさま機械翻訳が主要な応用分野と考えられるようになった。それほど高い関心が寄せられた理由はいくつかある。第一に、何よりも差し迫った需要があった。冷戦の時代に入って、国外から届く文章の自動翻訳が必要になったのである。第二に、理論的な関心もあった。言語とはどう機能するものなのかという疑問である。そのうえ、大戦中に暗号技術が発達したことで、解決の手がかりも見えそうになっていた。外国語で書かれた文書を暗号文と見なし、それを判読可能な言語に変換すればいいのではないか、というわけである。だが、いざ実践するとなると、たちまち初期のコンピューターの限界にぶつかった。そんななかで発展したのが、対訳辞書とトランスファー規則に基づき、ターゲット言語の特性に合わせて語順を変えるという実利的なアプローチだった。

　このようなシステムは無数の規則を伴い、きわめて精巧なものになるが、そのぶん維持管理の手間は増える。これが、何十年ものあいだ優勢で、今もなお広く使われているルールベース翻訳である。

先駆者たち

　機械翻訳の分野で初期の研究を試みたのが、イギリスのアンドリュー・ブースと、アメリカのウォーレン・ウィーバーである。ブースはデータ記憶装置の研究者であり、ウィーバーは時代に先駆けた覚書でこの分野の方向性を決定づけた人物である。

◆ 初期の試み

　1940年代の終わり頃、ロンドン大学バークベック・カレッジのアンドリュー・ブースは、自動的な手段による言語処理に強い関心をもつようになっていた。といっても、当初その思索は純粋に理論どまりだった。当時はまだ、最初のコンピューターの開発が進んでいた時期だったからである。バークベック・カレッジの研究室は、データの記憶とアクセスに関する研究の拠点だったが、初期のコンピューターでは使える記憶容量がごく小さかったため、電子的な辞書の大きさが長いあいだ障壁になっていた。ブースは、機械翻訳と音声認識についても研究を進めていた。

　一般の辞書でも、たとえば動詞の活用形は、すべてではなく原形しか収録していない。ブースも、辞書に収める見出しの数を制限するために、形態論を援用している。ブースのアルゴリズムは、文字の連続を検索するだけだった。未知の単語が出現した場合には、つまりその単語が出現形のままで辞書に載っていなかった場合には、最終的に既知の語形になるまで、単語の終わりから1つずつ文字を削除していくのである（たとえば、"running"が"run"になるまで）。単純そうに見えながら、この手法は英語では比較的うまく機能するため、今でも使われ続けている。その代表が検索エンジンである。「ステミング」と呼ばれる手法で、高度な形態素解析を実行せず、擬似的に単語の語根を生成できる。1980年、マーティン・ポーターが検索エンジンのためにこの手法を広めたことから、その名を冠した「ポーター・ステミングアルゴリズム」が知られている。

　この研究は、機械的な手段を使って多言語辞書を格納する方法という点

で、いくぶんはアルトゥルーニーとトロヤンスキーの成果を継いだものと言える。ブースは、過去の試みを改善するために検索アルゴリズムを追加し、それがのちに辞書の格納と管理に関する研究へとつながっていく。また、ブースはリチャード・H・リチェンズとともに、対訳辞書に基づく逐語翻訳のシステムも製作した。これらは、自動翻訳に対する全般的な取り組みとして初めてのものだったが、すぐに単純すぎるという評価を受けることになる。そう評価した代表が、ウィーバーだった。

◆ウィーバーの覚書

　機械翻訳の —— 広くは自然言語処理の —— 父と呼べるのがウォーレン・ウィーバーであることに、異論の余地はないだろう。1949 年、クロード・シャノンとともに、通信の数学的モデルに関する論文を発表しており、その提唱はきわめて汎用的だったことから、多くの場面に応用されてきた。

　ウィーバーとシャノンのモデルによると、メッセージは情報発信者（人でも機械でもよい）によって符号化（エンコード）され、送信されて、受信者によって復号（デコード）される。たとえば、メッセージをモールス信号でエンコードし、無線で送信して、人が理解できるようにデコードするといった具合だ。このモデルは暗号技術（メッセージを暗号化し、送信して、解読する）の基礎となっているが、コミュニケーション一般にも通用する。ある考えを共有するには、まずそれを「エンコードする」つまり「言葉にする」必要があり、次にそれを聞き手に伝えると、聞き手がそのメッセージを「デコードし」て意味を理解しようとするわけである。翻訳も同じように考えれば、ある文章をデコードすることと見なすことができる。文章は未知の言語で「エンコード」されており、理解するために翻訳するというのは、言い換えればターゲット言語でデコードすることと言えるのである。

　1947 年から、ウィーバーは機械翻訳をめぐって、サイバネティクス学者のノーバート・ウィーナーと書簡を交わしている。そのなかでウィーバーは、翻訳を「デコード」の問題と考えてはどうかと提唱していた。

翻訳という問題は、暗号技術の問題と考えられるかもしれない。たとえば、ロシア語で書かれた記事を見たとき、「これは、本当は英語で書かれているのだ。ただ、知らない記号で暗号化されている。そう考えて解読を試みる」というわけだ[1]。

ウィーナーから見ると、翻訳の自動化はすぐに実現できるものではなかった。言語は膨大な数の単語で成り立っており、どの語も不明瞭または曖昧すぎる、言い換えれば、単語レベルで単純に直接の等価を想定しても翻訳はできないからである。ウィーナーはこう記している。

機械を使った翻訳ということについて率直に懸念されるのは、単語の境界が言語ごとにあまりにも不明瞭すぎるということだ。（中略）半機械的な翻訳という図式はあまり有望ではなくなってしまう[2]。

ウィーナーの言う「単語の境界」とは、たとえばフランス語の "avocat" に少なくとも2つの意味があって、英語では "avocado アボカド" または "lawyer 法律家" の、少なくとも2通りの訳し方があるという事実のことである。これは決して極端な例ではなく、むしろ言語にはありふれている。大部分の単語には複数の意味があり、言語ごとに単語の意味は異なるからである。そのうえ、フランス語 "avocat" が法律関連の人を指している場合に英語の "lawyer" を意味するとは言えるが、逆に "lawyer" が必ずしも "avocat 弁護士" を指すとは言えない。弁護士以外の法律家を指すこともあるからだ。そのため、ある言語における単語の意味と、そこから想定される翻訳を決定することなど、とうてい不可能な問題だとウィーナーには思えた。膨大な数の「単語の意味」の組み合わせを相手に、文脈における各単語の意味を決めなければならず、しかも当時はコンピューターの処理能力もメモリー容量もきわめて限られていたからである。

　ウィーナーの疑念にもかかわらず、ウィーバーは自分の構想を進め、1949年にはこのテーマについての考えをまとめた短い論文の草稿を書き上げる。単語はしばしば曖昧であって、その意味は文脈に依存すること、

そして逐語的な翻訳では不十分で質の高い結果は出せないということをウィーバーははっきりと指摘している（この研究についてブースとも書簡を交わしていたので、ウィーバーは逐語的な翻訳の限界も理解していた）。この但し書きは、完全に無視されたわけではなかったが、大部分は軽視された。そのことが将来に影響を残すことになる。

　ウィーバーがまとめたこの覚書、『Translation』が、一般的には機械翻訳研究の出発点とされている。その影響力はきわめて大きかった。ウィーバーが当時としてはかなり革新的な概念を展開していたからではあったが、研究の資金源となった組織と深い関わりがあったという理由もある[3]。彼の影響力は、科学的に大きかっただけでなく、政治的にも大きかったということだ。

　ウィーバーは、逐語的な翻訳に伴う基本的な誤りを避けるための原理を4つ提言している。

1. 語句の文脈を分析して、その正確な意味を特定しなければならない。考慮する文脈の規模は語の性質によって異なるが（曖昧性を除去する必要がある名詞、動詞、形容詞の数はそれほど多くない、とウィーバーは主張した）、翻訳する文章のトピックと分野が既知であれば、そうした要素によっても異なるだろう。

2. 機械翻訳の問題を解決するには、論理的および再帰的な規則をひととおり定める必要がある。ただしそれも、「書かれた言語が論理的な性質の表現である場合に限定」される。ウィーバーによると、「直観的にとらえた文体、感情の伴う内容など」の「言語における没論理的な要素」を除外したうえでだが、機械翻訳の大部分は演繹的な問題と考えることができる。

3. シャノンによる通信の数学的モデルは、機械翻訳にとっても有益な方法論になるだろう。「ほぼどんな暗号問題の解決」にも有用なことが実証されているからである。「中国語で書かれた本は、単に中国語に

エンコードされた英語で書かれているにすぎない、と言ってもさしつかえないだろう」。

4. 言語は、普遍的な要素で表すことができ、それが翻訳のプロセスに役立つ可能性がある。中国語からアラビア語に、あるいはロシア語からポルトガル語に直接翻訳するのではなく、もっと普遍的で抽象的な表現を探せば、逐語訳や曖昧性に起因する誤りを回避することができる[4]。

この4項目は、いずれも詳しく吟味するに値する。ウィーバーの提言は、今日でもなお研究の対象になっているからである。1つ目の原理で強調されているのは、曖昧性のほとんどは周囲の文脈を見れば解決できるということで、その手法は現在でも用いられている。あらゆる種類の曖昧性を解決できるというわけではないが、ほとんどは解決できる。ただし、ウィーバーの覚書では曖昧性という問題が軽視されていた。「しかも、曖昧性は主として名詞、動詞、形容詞に伴うものであり、実際にそれが発生するのは比較的少数の名詞、動詞、形容詞でしかない（少なくとも私はそう考える）」と書いているからである。今では、曖昧性が自然言語処理でごくありふれた問題であり、ほぼあらゆる単語に当てはまるということはよく知られている。はじめのうち考えられていたより、ずっと厄介な問題なのである。

　2つ目は、論理的な文章に関する原理で、形式文法の概念に大きな影響を与えた。形式文法は、人工言語（とりわけ、プログラミング言語）のみならず、自然言語の解析にも用いられている。

　3つ目の原理は、この当時、戦争のために大々的に研究が進められていた暗号技術との類似を語っている。言語の統計的な性質に注目し、難解な問題、特に意味論における難問をコンピューターであれば解けるという事実を指摘するものである。だがこれ以降の数十年間、言語処理の分野では論理的なアプローチが発展し、統計が全般的に粗すぎる、さらには無益であるとさえ見られるようになっていった。1990年代に入り、自然言語処理における統計的なアプローチが復権してようやく、ウィーバーの正しさ

が証明されるのだが、そうしたアプローチには大量のデータが必要になる。それが可能になるまで、ウィーバーのこの提言が一般性をもたなかったのは、無理からぬことだったのである。

　そして4つ目の原理は、中間表現を開発し、文の意味的な内容を扱って、言語ごとの特異性を度外視することをめざす数々の研究につながっていった。

　この覚書のなかでウィーバーは、自分の意見が個人的な見解を表したものであり、それが言語学者のものではないと何度か書き記している。

> 「私が提示している考え方は稚拙にすぎるのではないかと、たびたび不安になっている」

　これは、ウィーバーにとってあくまでも思考の素材にすぎず、そのほとんどは熟しきっていなかったため、言語学の専門家による精査が必要だった。それでも、この覚書は実際にきわめて先見性に富んでおり、だからこそ、後世に多大な影響を残すことになったのである。記号的なアプローチ（意味論的に正確な表現、または形式上の規則を必要とする）からだけでなく、統計的なアプローチ（曖昧性を解決するには、記号上の規則より統計のほうが強力であるとする立場）からも、その後何十年にもわたって考察されることになる概念を明確な形で提唱するものだった。

　だが、提唱された手法を実現するには、機械翻訳の先駆者たちの想像をはるかに超える取り組みが必要だった。なかでも、自然言語に固有の曖昧性から、それまでの暗号化モデルでは自動翻訳の複雑さにとても対応できなかったのである。

機械翻訳の真の黎明期（1950〜1960 年）

　ウィーバーの覚書と、そこに示された将来性は、著者が資金援助機関と近い関係だったこともあって、機械翻訳の研究を急速に前進させる原動力となった。

◆ 創生期

1950年代の前半、何人かの研究者が機械翻訳に目を向け始める。当時、有益で論理的だと考えられていた応用分野だった。すでに述べたように、とりわけ決定的な要因が2つあった。すなわち、（ⅰ）暗号技術の分野で蓄積された成果が、ウィーバーのアイデアに続いて、機械翻訳をエンコードとデコードの問題と見なす確固たる基盤になっていたこと、そして、（ⅱ）冷戦という国際事情から翻訳、特に西側陣営ではロシア語から英語へ、東側陣営では英語からロシア語への翻訳の必要性が高まっていたことである。

こうした時代背景のなか、1950年代のアメリカで機械翻訳の発展をリードする重要な役割を果たしたのが、イスラエルの研究者、ヨシュア・バー=ヒレルだ。バー=ヒレルは、1951年〜53年の2年間をMITで過ごし、ルドルフ・カルナップのもとでポストドクターとして研究を行っていた。カルナップとは、それ以前の1940年代、イスラエルで卒業論文を進めていたときから書簡をやり取りしていたのである。カルナップはドイツに生まれ、のちにアメリカに帰化した哲学者で、彼が展開した「言語の論理的構文論」が、自然言語の論理的な形式化に向けてその土台を築いたと目されている。

そのため、バー=ヒレルは自然と機械翻訳に関心を向けるようになる。時をおかず、この分野の第一人者となり、助成金のたすけもあってアメリカ国内の主要な研究室を歴訪することができた。当時生まれつつあった研究チームは、アメリカの各大学間でかなり分散していたのである。MITに戻ったバー=ヒレルは、機械翻訳の重要性を指摘する論文を起草したが、それは機械翻訳の難しさを強調する内容でもあった（この論文は、ウィーナーとウィーバーの間でわずか数年前に交わされた対話にも通じるところがある）。その後すぐの1952年6月、バー=ヒレルはこの分野で初となる国際会議を開催する。

MITで開催されたこの会議には、機械翻訳の分野で活動していた研究

者の大多数が参加している。参加者は意欲満々で、かなりの額の資金を集める必要性を訴えた。機械翻訳には人間の能力が必要であり、特に当時まだ非常に高価だったコンピューターを利用することが不可欠だったからである。機械翻訳を推進するために、ジョージタウン大学（機械翻訳の主要な研究拠点であり、最先端だった）の代表者が、できるだけ早期にデモンストレーションを開催することを提案する。プロジェクトの実現可能性を示して資金を集めることが目的だった。

　1954年、ジョージタウン大学の研究チームとIBMは、共同で開発したシステムに基づいて機械翻訳を実証する世界初のデモを実施した。相対的に単純な辞書（辞書は250語のみ、文法規則は6個だけだった）を使って、ロシア語の49文を英語に翻訳している。効果は絶大で、機械翻訳の財政支援は増え続けることになった。メディアの反響も大きく、世間一般からも注目が集まった。

　アメリカの資金援助機関から、機械翻訳を研究していた、主にアメリカとイギリスのグループに対して次々と支援が集まり始めた。1954年のデモに関心をもったソ連も、翌1955年からこの分野に乗り出している。機械翻訳は学問として確立し、国際会議が定期的に開催されるようになった。また、専門の学術誌『Mechanical Translation』も1954年から発行されている。

◆最初のルールベース翻訳システム：反響、そして熱狂
　この頃、自由にコンピューターを使える研究チームは少数派だった。まだそれほどコンピューターが普及していない時代だったからで、特にソ連では使用が制限されていた。実際、研究のほとんどは理論どまりで、そこに示されていたアプローチは翻訳プロセスを「機械化しうる」というものが多く、実現にはほど遠かった。

　図式としては、2つの方向で研究が進められていたと言える。1つ目は「実利的」な方向で、結果が完璧でなくとも、とにかく結果を出すことをめざした。当然ながら、このシステムは直接翻訳方式をとることになる。

まず対訳辞書で逐語的な翻訳を作り、次に並べ替え規則を適用してターゲット言語の語順に対応させる。言い換えるなら、まず辞書を使って単語間の等価を見つけ、次に基本的な並べ替え規則を使って特定の現象を制御するのである。たとえば、フランス語で「名詞＋形容詞」という順序になる句は、英語では「形容詞＋名詞」という順序で訳さなくてはならない（"voiture rouge" は "red car" になる）。

　2つ目に、もっと理論的なアプローチをとるグループが直接翻訳方式の限界を強調した。翻訳プロセスの前に原文の解析を進め、構文または意味レベル（単語レベルではなく）で機能するトランスファー規則を作るというアイデアがいくつも生まれている。その点は、1950年代に形式文法という概念が、主にノーム・チョムスキーの研究成果によって有力になってきたことと関係が深い。ピボット言語、つまりソース言語とターゲット言語の間で、特定の言語を一種の中間表現として使うアプローチに目を向けた研究もあった。また、中間言語、つまり翻訳対象の文を抽象的な表現で表す人工言語そのものに注目した研究チームもあった。どちらの場合も、翻訳に必要な情報をすべて特定の表現モデルでエンコードするというしくみは同じだ。中間言語は既存の言語と関係のない人工言語であり、ピボット言語は既存の言語（通例は英語）を使うところが異なる。

　ワシントン大学やハーバード大学、ランド研究所などで複数の研究グループが大規模な対訳辞書（ロシア語－英語）の開発に取り組んだが、これは手作業で行うこともあれば、特定のコーパスの統計解析を利用する場合もあった。コーパスを使うと、頻出する単語や重要度の高い単語から先に処理することが可能になる。当初から、解決すべき大きな問題のひとつと考えられていたのが、言葉の多義性だった。"bank" という語が金融機関と川岸のどちらも意味するように、1つの単語が複数の意味をもちうるという事実である[5]。いちばん単純なのは、辞書に載っている最も一般的な語義だけを含めるという手法で、たしかに問題の解決にはなるが、極端すぎることは明らかだ。意味論的な曖昧性を除去しない直接的な手法なので、満足のいく結果にはならない。それでも、そこで得られる断片的な翻

訳は、どれほど不完全であっても、役に立つ場合がある。読み手がソース言語をまったく知らない場合もそうだし、言語間で規則的な等価を示すことで、基本的な「翻訳メモリー」として機能することもあるからだ[6]。

　曖昧性という問題を解決するために、電子的な辞書の内容の充実を図る研究チームも多かった。たとえば、ワシントン大学では単語に文脈情報を追加することによって、完全な統語解析を行わずに曖昧性を解決しようとした。また、ドメインごとに語彙を区別することも行われた。"bank"であれば、金融コーパスにおける意味は環境コーパスにおける意味と同じではないだろう。あるいは、少なくとも統計的に有意な差が曖昧性の除去に有用だろうと考えるのである。さらに、ただの単語に起因する曖昧性を避けるために、複単語表現も徐々に追加されていった。こうした試みは、その場しのぎのように思われることもあるが、現在用いられているテクニックもいまだに、1950年代に存在した手法と類似点が多いことは指摘しておきたい。部分的な解析だけでも、単語のカテゴリー、ときには意味まで十分に判定できるし、複単語表現を格納してドメインまで考慮しておくと、曖昧性の問題は実際に大幅に減らせるのである。1990年代には、"one sense per discourse（1談話では1語義）"が、この分野で広く使われるスローガンになったほどだった。

　同時に、すでに述べたように、構文解析に関するもっと根本的な研究として、文の自動統語解析も現れ始めていた。チョムスキーが独自に構文についての研究を進めていたが、1960年代までは機械翻訳に対してそれほどの影響力をもっていたわけではない。それでも、ソース言語の形式分析が次第に主流になり始め、1950年代の後半には複数の研究グループが実際にこの手法を機械翻訳向けに開発している。ただし、この当時、言語の形式分析はプログラミング言語（すなわち人工言語）と自然言語のどちらも対象にしていたことには留意する必要がある。そのため、自然言語の処理は最終的にプログラミング言語とはほとんど無関係であり、曖昧性がある以上、自然言語に対してはきわめて特殊な戦略を立てなければならないということが、当時はまだ自明ではなかったのである。そこに、最初の形

式主義が登場する。言語は、低次の情報（単語のカテゴリー、形態統語論的な機能）から高次の情報（単語の意味や、想定される文脈）まで「成層化されている」とする考え方で、これは「成層文法」を提唱した言語学者シドニー・ラムが用いた用語だった。こうした先駆的な研究の価値と有用性は非常に高かった。自然言語処理の難しさのなかでも、ウィーナーや、特にバー＝ヒレルが1950年代はじめから予期していた大きな難関を、多くの研究グループが認識するようになったからである。

◆ アメリカ以外での動向

　次の時代の話に移る前に、アメリカ以外で進められていた研究についても触れておきたい。1950年代なかばから、ケンブリッジ大学のケンブリッジ言語研究ユニット（Cambridge Language Research Unit）は、アメリカから助成金を受けながら、最初期の中間言語システムのひとつ「NUDE」を開発していた。その設計者であるリチャード・リチェンズによると、NUDEとは「ベースとなる［ソース言語の］何らかの一節から、語彙上および統語上の特異性をすべて取り除いて裸にした概念を表すよう構築された（中略）表記上の中間言語であり、それゆえ「裸、ヌード」と呼ばれる」（Richens, 1956。Sparck Jonesによる引用、2000年）。中間言語NUDEは、一連の普遍的な原始要素によって各単語を定義しようとする。そのアプローチの実現はいまだ限定的で、構文とのつながりが乏しいという難点がある。したがって、実際の文章からいかにNUDE表現を導き出せるかは明らかではなかった。それでも、この提言が重要であったことは変わらない。新しい研究の道を開き、世界中の数多くの言語理論で見られる普遍的な意味上の原始要素という概念を一般化したからである。さらに広く見ると、ケンブリッジ大のこのグループは意味論的なリソース（単語ラティス）と技術の開発を優先した。これは、意味論的な曖昧性除去（曖昧な単語の意味を文脈に応じて選択すること）の手法としてのちに再発見されることになる。もちろん、現在も広く議論されている疑問について、決定的な回答が示されたわけではなかったが、主に構文に注目が集まっていたこの時代

に、意味論の研究では先駆的で影響力の大きいグループだった。

　そのほか、機械翻訳の分野では1950年代の後半になって、たとえば日本では1956年に、中国では1957年に研究グループが現れている。フランスでは、1950年代以降になって関心が顕著に高まり、フランス国立科学研究センター（CNRS）によってパリとグルノーブルの2か所に研究拠点が作られた。機械翻訳に対する関心は、大学施設向けに最初のコンピューターが登場したのと同時に始まっており、それがフランスではコンピューター科学の真の始まりとなった。この2つの拠点がCentre d'Études sur la Traduction Automatique（機械翻訳研究センター、CETA）で、パリのほうがCETAP、グルノーブルのほうがCETAGと呼ばれていた。CETAPは設立当初から財政難にあえぐことになり、アメリカで始まった機械翻訳批判の余波にもさらされる。実際、数年後には閉鎖に追い込まれ、モーリス・グロスなどの研究者がコンピューター言語学に目を転じることになった。そして、何よりもまず、広範かつ体系的に言語について記述できる言語的リソースを開発する必要があると主張したのだった。グルノーブルのCETAGは今日まで存続しており、独自に中間言語方式を開発してきた。そのCETAGを率いていたベルナール・ヴォクワは、この分野で影響力の大きい概念をいくつも提唱し、1985年に死去するまで重要人物のひとりであり続けた。もっとも、その頃になるとフランス以外では機械翻訳に対する注目度は下がっていたのだが。

　最後に、ソ連で同時期に進んでいた研究についても言及しておかねばならない。ジョージタウン大学とIBMが1954年に行ったデモは、ソ連の社会にも大きな印象を残し、機械翻訳の研究に着手することがすぐに決定された。複数のグループがその諸問題にただちに取り組み始め、中心になったのはモスクワ、レニングラード、その他いくつかの共和国だった。機械翻訳に関する最初の会議は1958年にモスクワで開催され、79の研究機関からおよそ340人が参加している。アプローチはアメリカに劣らず多様だったが、まだコンピューターが使えない環境で、研究の大多数は理論どまりだった。運よくコンピューターを利用できた数少ないグループが、対

訳辞書に基づいて経験的かつ直接的な方式を開発している。

　同時に、理論的な研究の多くで、自動統語解析のための手法だけでなく、意味情報のコーディングの手法も定められた。この当時からの言語学理論は、今日に至るまで盛んに議論されている。現在では、Igor Mel'čuk と Yuri Apresjan による研究がよく知られている。旧ソ連以外でも知られるようになったのは、Mel'čuk が 1970 年代後半にカナダに移住したという事情もあった。

幻滅の期間（1960〜1964 年）

　1950 年代の終わりになると、自動化したプロセスの結果として正しい翻訳を得るということの実現可能性について初めて疑問が提示され、そもそもの可能性までが疑われ始めた。

◆バー＝ヒレルの批判

　1953 年、ポストドクターの任期が終わってイスラエルから帰ったバー＝ヒレルは、アメリカに戻ってから数年の間、新たに研究レジデントとして過ごすチャンスを得た（1958 〜 1960 年）。1958 年 9 月には、アメリカに向かう途中、ナミュール大学で開かれた会議に参加。そこで『Some linguistic obstacles to machine translation（機械翻訳に対する言語的な障害）』と題する論文を発表し、機械翻訳の根本的な問題と考えていた言語上の問題点をあげている。当時はどのシステムでもそうした問題を解決できなかったからである。それによると、当時のモデルは単純すぎ、解析しようとする文の構造をもっと正しく理解できるモデルが必要だった[7]。また、系統的に遠い言語どうしを翻訳する場合にはトランスファー規則が複雑にならざるをえず、まだ登場していなかった形式的な言語学が必要になるともバー＝ヒレルは指摘している。ナミュール大学での会議が終わると、そのままアメリカに向かい、各地で行われていた研究を評価した。

　このとき、米国海軍研究事務所のために書いたのが、『Report on the

State of Machine Translation in the United States and Great Britain（米国ならびに英国における機械翻訳の現状について）』（1959 年 2 月）という有名なレポートである。当時の研究について、機械翻訳の歴史がまだごく浅いことは酌量せずに（ほとんどのグループは、立ち上げからまだ数年しかたっていなかった）、容赦なく否定的な評価を下したレポートだった。あらゆる研究グループが、名指しで厳しく批判されている。

　まずバー＝ヒレルは、翻訳には文章の完全な統語解析が必要であると指摘した。この当時、機械翻訳に関わるグループすべてにとって自明とは言えなかった点である。次に、翻訳では意味的な曖昧性を解決する必要があるとしている。当時の最新技術を超えていただけでなく、中期的にも解決の見込みがない指摘だった。このレポートには、「A demonstration of the non-feasibility of fully-automatic, high-quality translation（質の高い完全自動の翻訳の実現不可能性についての実証）」（Bar-Hillel 1958, 1959）という挑発的なタイトルの付記がある。曖昧性のある一部の単語は、たとえ文脈を考慮したとしても、その意味を限定することはできないとし、それだけでも質の高い機械翻訳という目標の望みは薄いということを示そうとするものだった。このときバー＝ヒレルが用いた以下の例がよく知られている。

> "Little John was looking for his toy box. Finally, he found it. The box was in the pen. John was very happy."
> （ジョン君は探していたおもちゃ箱をやっと見つけた。おもちゃ箱は pen にあった。ジョン君はとても喜んだ。）

　この文を理解するには、“pen” という単語が「子どもを遊ばせる小さい囲い」を意味しており、筆記用具ではありえないと認識する必要がある。だが、この文脈には “pen” の意味、筆記用具という一般的な意味とはかけ離れた意味を推論できる手がかりはない。この例ひとつをとっても、何らかのシステムでこうした問題を解決するのが不可能なことは明らかであり、しかもこれは珍しい例でもない。したがって、質の高い完全自動の翻

訳を、短期的または中期的に構想することは不可能である、とバー＝ヒレルは結論している（「質の高い完全自動の翻訳」をFAHQTと略す。「質の高い完全自動の機械翻訳」の意のFAHQMTという略語もある）。

　自動翻訳のかわりに、研究者はコンピューター支援翻訳システムに目を向けるべきだとバー＝ヒレルは提唱した。プロジェクトの方向性が大きく違う提案で、完全な自動システムほど科学者の関心を引きそうにないのは明らかだった。バー＝ヒレルが求めた翻訳支援が開発されれば、翻訳に適した効率的なツールが提供されて、翻訳の生産性が、特に編集前や編集後（翻訳する文章を準備する、翻訳の誤りを修正する）の段階で、上がるはずである。目標は翻訳者を支援することにあるので、このシステムの出力は従来の機械翻訳システムの出力とは異なる。たとえば、翻訳者には翻訳の候補を提示するほうが一般的に望ましい。訳文をそのまま提示されても、修正に苦労するだけだからである。

その後の議論

　すでに見てきたとおり、1950年代は、勢いよく始まったものの、機械翻訳の実現可能性に関する疑問が初めて提示されて終わった。

　バー＝ヒレルのレポートでは、当時まで軽視されていた重要な問題がくっきりと浮き彫りになった。当初考えられていたアプローチが失敗に終わったのは、極端な単純化が大きな原因だった。急速に進歩するという期待は楽観がすぎ、初期の結果は残念なものに終わっている。1954年のデモンストレーションは、あらかじめ準備された文を使ったもので、語彙は一般的、曖昧性も限定的だったため、現実の翻訳との関連性が低いことは明らかだった。実際の翻訳は、どんな分野でも、それまで見たことのない文章を扱うものだからである。同じように、1950年代のたいていの研究グループは統語解析や意味解析の必要性を認識しておらず、したがって問題の難解さを正しく評価していなかった。最終的に、現実的な答えを短時間で得ることが目標なのであれば、翻訳支援という考えのほうが現実的と

されたが、これは機械翻訳の発展にはほとんど無関係だった。

　それでも、1950年代の研究によって機械翻訳という分野が確立したとは確かである。初期のシステムが挫折した、控え目に言っても限界を迎えたことで、自然言語処理の複雑さが明らかになった。ある意味、それが契機となって、さまざまな研究プロジェクトが立ち上がり、次の数十年へと続くことになる。まだ機械翻訳は遠大すぎるという時代だったが、研究がむだに終わったわけではない。コンピューターは、台数も性能も限られていたことを忘れてはなるまい。パンチカードの時代であり、実証実験の機会も十分ではなかったのだ。

　しかし、バー＝ヒレルのレポートが投げかけた疑問は、研究の資金源だけでなく、研究者自身にも向けられることになった。1960年代のはじめには、重要人物が何人もこの分野を去り、言語学、コンピューター科学、情報理論の分野に移っている。機械翻訳について、バー＝ヒレル以上に否定的になった研究者さえいた。

　また、1954年のデモでは、当初のプロジェクトで過小評価されていた数々の問題も見え始めた。ジョージタウン大学とIBMは実用的なソリューションの産業化を試みたが、悲惨な結果に終わっている。

　こうした状況のなか、資金援助機関は1964年、独立の委員会に評価レポートを依頼する。この依頼を受けて1966年に発行されたのが、有名なALPACレポートである。

第 6 章

1966 年の ALPAC レポートと、その影響

The 1966 ALPAC Report and Its Consequences

◆ ◆ ◆

1966 年 11 月に発表された ALPAC レポートは、機械翻訳の歴史におけるひとつのマイルストーンであった。その影響は大きかったが、いま振り返るとその評価はいくぶん過大なようでもある。1964 年のはじめに、アメリカで機械翻訳プログラムの資金を援助していた各機関が[1]、専門家のグループに委託していたレポートだった。今では、1940 年代の後半から進められてきた研究の失敗を明確に示したことで知られているが、バー=ヒレルによる考察の後追いであったことは間違いない。

ALPAC レポートはオンラインでも読むことができる[2]。同レポートの経緯や影響についての論文も多い（たとえば、ハッチンスの『ALPAC: The (In)famous Report（ALPAC: (悪)名高いレポート)』、2003 年などがある）。本章では、このレポートの内容と、その発表に続いて 1980 年代末までに行われてきた研究を紹介することにする。

ALPAC レポートの内容

レポートの正式なタイトルは、『Languages and Machines: Computersin Translation and Linguistics（言語と機械：翻訳と言語学におけるコンピューター)』という。短いレポートで、実際に議論の中心になっている

47

のは、翻訳の必要性と翻訳に伴うコストだった。要は、公共部門と防衛治安関連企業を中心とする関連各組織にとっての翻訳の有用性である。レポートによると、要請された翻訳の大部分はほとんど何の関心も払われず、部分的にしか読まれないか、まったく読まれずに終わっているという。機械翻訳についての議論には、何ページかの短い章しか割かれていない。

　自動言語処理諮問委員会（Automatic Language Processing Advisory Committee：ALPAC）を率いたのは、情報および通信理論の専門家ジョン・R・ピアースだった（第5章に登場したクロード・シャノンとの共同研究で特に知られている）。ピアースのほかに言語学者、人工知能学者、心理学者はいたが、レポート作成時の委員のなかに機械翻訳の専門家はひとりもいなかった。デイビッド・G・ヘイズとアンソニー・G・エッティンガーがレポートに名を連ねているが、ふたりはすでに機械翻訳から遠ざかっていたからである。ただし、機械翻訳の専門家に対するインタビューは行っている。機械翻訳を扱っていた私企業を代表するポール・ガーヴィン、ジュールズ・マルセル、ギルバート・キングと、テキサス大学のウィンフレッド・P・レーマンなどの声が取り上げられている。

　レポートの序章では、公的資金から研究資金を援助することを正当化しうる理由として、次の2つをあげている（全米科学財団を除けば、アメリカにおける機械翻訳の資金援助は、防衛関連と諜報関連の機関に密接に関係していた）。

（ⅰ）影響力の大きい長期的な基礎研究（「支援機関の職務に広く関連し、知的活動として取り組む意味がある分野での研究」）
（ⅱ）逆に、現実的な問題の解決をめざしている研究（「早期のコスト削減をもたらす、または実質的に性能を改善する、または運用上の必要性を満たす明確な見込みがある研究開発」）

　機械翻訳に関する研究が、このうち第2の理由（比較的短い期間で、コストを抑えつつ有効な手法を確立する）に該当することは明らかであるとALPACレポートは指摘し、その観点から機械翻訳を評価するよう提唱し

ている。ここに、大きなバイアスがあったことは間違いない。現実的で有効な解決策を短期間で実現できないからといって、その研究を進めるのが無益であるという証拠にはならないからである。最終的には、研究資金を援助している機関の特性が、評価プロセスに大きなバイアスをかける形になった。

　当時の研究チームは、機械翻訳の研究が始まって以来の確約を果たせていないという結果にも悩まされていた。1954年のデモ（第5章を参照）は、現実的なソリューションがすぐにも実現すると示唆するものだった。だが、産業的な試みも、1950年代の終わりから60年代はじめにかけて実施された公開デモも、実用化の道ははるかに遠いという結果を示して終わっている。実際、これはわずか数年前に言われたことと大きく食い違っていた。研究グループは、数か月もあれば機械翻訳は実用的な成果を出せると広言していたからである。

　つまり、ALPACレポートがめざしたのはひとえに、質の高い機械翻訳（質の高い完全自動の機械翻訳、FAHQMT。第5章を参照）を近いうちに実現できるかどうか、その可能性の評価だったことに注意しなければならない。この点がレポートの性質をゆがめる結果となり、のちに機械翻訳の分野に大きな影響を及ぼすことになった。また、該当する機関が発注した膨大な翻訳量や、利用できる翻訳者の数、発生したコストについてレポートの前半まるまるを費やして説明している理由も、これで説明がつく。レポートを読むと、現実的な問題について評価がまだ定まっておらず、その大きな尺度がコストだったことがよく分かる。研究という観点には、さほど関心が払われていなかったのである。

　それどころか、コストに関しては機械翻訳を使うより人間に翻訳させたほうが低く抑えられるというのがレポートの結論だった。当時は、余計な編集の必要がなかったので、翻訳者のほうが良質な翻訳を速くこなすことができたのである（完全に機械で翻訳された文章を修正するのは、熟練の翻訳者が直接翻訳するより時間がかかることも多かった）。また、レポートで考察されたのはロシア語から英語への翻訳だけで、その方向の翻訳は需要が限

られているとされた。ロシア語翻訳を使う人の大半は、ロシア語を学んだほうが早いとまで著者らは示唆している。なお、この点に関してALPACレポートは楽観がすぎていたように思われる。外国語に堪能になるために必要な時間をかなり短く見積もっていたからである[3]。

1960年代中頃の当時は機械翻訳の必要性がなかったことを、レポートは明確に示している。機械翻訳を実行する適切なシステムがないため、この分野には現実的な関心がないのだという。原文の表現は露骨すぎるほどだった。「翻訳の世界で緊急に必要なことは何もない。存在すらしない需要に、存在すらしない機械翻訳によって応えることなど求められてはいない」。

そのうえで、レポートは機械翻訳に対する資金援助という全般的な問題を扱っている。書き出しはごく標準的で、機械翻訳とは「人間による翻訳や編集に頼ることなく、アルゴリズムによって、機械に判読できる原文から有益な訳文を作り出すことと考えられる」という定義で始まる。続いて、レポートの起草時点ではいかなる自動システムも存在せず、近い将来そのようなシステムが出現することも想定できない、とすぐに結論を下している[4]。具体例として、ジョージタウン大学のシステムがやり玉にあがっていた。資金援助は8年間続いたが、このシステムはまだまともな翻訳を生成できない。依然としてプロ翻訳者が介入してエラーを修正する必要がある。機械翻訳はおおむね、なんとか判読できる文章を出力するが、それと同じくらいの確率で誤訳などのエラーが存在する、とレポートは強調している。エラーが多くなるほど、訳文の処理と修正は難しくなる。

要点を示すために、レポートには当時の4つの機械翻訳システムを使ってロシア語から英語に翻訳した結果が4例あげられている。翻訳は、せいぜい月並み程度であった。

ALPACレポートの直接的な影響

1996年の論文でハッチンスは、ALPACレポートが残した悪評を取り

上げ、その重大性が過大視されてきたのではないかと指摘している。研究資金は1960年代のはじめには減り始めており、その一因はバー＝ヒレルによる1959年のレポートにもあった。そのため、機械翻訳の分野で研究を進めるグループも、1966年の時点ではその10年前に比べて大幅に減っていたのである（ワシントン大学、ミシガン大学、ハーバード大学はいずれも1962年に研究を停止している。レポートで名指しされたジョージタウン大学も、1961年から財政支援はいっさい受けていなかった）。他のプロジェクトは1966年以降も、主にウェイン州立大学とテキサス大学では進められており、どちらの場合も1970年代まで存続した。ALPACレポートは、機械翻訳の分野に対する資金援助を大幅に削減するという決定を後押ししたにすぎないのである。

　ハッチンスは、レポートに見られるバイアスについても力説している。レポートで考察されたのは、アメリカの各機関で行われた、ロシア語から英語への翻訳だけであり、その文脈を超えた多言語環境の問題が無視されていたというのである。ALPACレポートについては、その先見性だけでなく、全体的な性質も吟味しなければならない。1960年代なかばの機械翻訳システムが産業的な需要に直接的に応えられないことは確かだった。それでも、機械翻訳によって脚光を浴びた科学的課題は数多くあり、レポートではその点にほとんど触れられていない。ALPACレポートは、完全な機械翻訳システムは近い将来にも不可能であるとしたバー＝ヒレルの結論を、ことさら増幅するものだったのである。

　ALPACレポートのプラス面としては、コンピューター支援翻訳に対する関心を表明していた点があげられる。バー＝ヒレルも支持していた考え方である。また、言語の自動解析に関してもっと基礎的な研究が必要だという点も、間接的ながらレポートは指摘していた。たとえば、ALPAC委員会の委員だったヘイズとエッティンガーは、レポート発行の数年前に機械翻訳の研究を打ち切り、統語論と構文解析に主軸を移していることを指摘しておきたい。『The State of the Art of Automatic Language Translation: An Appraisal（自動言語翻訳の現在：ひとつの評価）』と題した1963

年のレポートで、エッティンガーは自動翻訳に関するバー＝ヒレルの結論を大まかにまとめているが、自然言語処理に対する強い関心もあらわにしている[5]。

1965〜1990 年：長い停滞期間

　ALPAC レポートが発行されて以降、英語圏では研究が休止状態になった。それ以外の国では、研究チームに対する資金援助が続き、最初期の商用システムも出始めている。この間に見られた技術革新は、最初の 10 年間の豊かさと比べると限定されたものだった。

◆ さらに広がる研究の試み

　ALPAC レポートは、1960 年代中頃のアメリカにおける機械翻訳の分野で、研究資金不足を決定づけることになった。それでも、2 つのグループが自動翻訳の研究を続けていたが（前述したウェイン州立大学とテキサス大学）、そこでもやはり、重点が置かれたのは言語間でトランスファー規則を充実させようとする統語解析だった。他のグループ、たとえばハーバード大学のエッティンガーのグループなどは、自動翻訳に完全に見切りをつけて統語解析に移行しており、ある意味ではそれが前時代を論理的に継承するものと言えた。

　アメリカでの潮流に反してハッチンスが主張したのは、多くの国が多言語環境について協力し合い、この分野の研究継続を促すべきだということだった（Hutchins 2010）。カナダでは、アメリカでほとんどの研究施設が閉鎖されていた 1965 年、モントリオールに研究センターが開設された（1970 年代には、Traduction Automatique de l'Université de Montréal（TAUM）と称された）。大量の公式文書を英語とフランス語の両方で作成しなければならず、それがこの分野の研究を立ち上げる大きな動機になったからである。モントリオールのグループからはすぐに、重要な成果が 2 つ生まれている。ひとつが、言語情報を表すのに適した形式主義で、アラン・

カルメラウアーの手によって成立した（これこそ、のちにコンピューター言語学で、さらには人工知能でも広く使われるようになるプログラミング言語Prolog の前身と言えるだろう）。そしてもうひとつが、よく知られている機械翻訳システム「TAUM-Météo」（のちには、単に Météo と呼ばれるようになる。後述）である。

フランスでは、グルノーブルで研究が続けられ、CETAG（パリのセンターが閉鎖されてからは、単に CETA と呼ばれている。第 5 章を参照）が、ベルナール・ヴォクワの指揮のもとで 1960 年代に独自の翻訳システムを開発している。言語に依存しない論理形式によって統語関係を表すシステムで（対訳辞書を使っていたので、厳密な中間言語システムではなかった）、数学と物理学の文章をロシア語からフランス語に翻訳することが主な目的だった。だが、柔軟性に乏しく、どんなレベルで問題が発生しても翻訳プロセス全体が妨げられるほどだった。1970 年代にヴォクワは、2 つの言語間でさまざまなレベルの言語情報を変換できるモジュール式システムに取りかかった。のちの Ariane-78 システムに発展するもので、第 3 章に示した「ヴォクワのトライアングル」のイメージを彷彿させるシステムだった。理想的な翻訳には論理的表現（三角形の頂点にあたる）が必要になるが、自動翻訳システムの精度がそのレベルに届かないのであれば、正確な統語解析と意味解析を行ったほうが、まだしもという発想であった。

アメリカが機械翻訳から遠ざかっていた時期にカナダが研究資金を費やしていたのは、二言語使用が当たり前の社会だったからである。EU 圏でも状況は同じで、使われる言語の数が増え続け、その言語間の翻訳が必要になってきたことから、欧州委員会でも 1970 年代に自動翻訳への注目が高まることになった。EU は当初、最初期の商用システムを検討していた。そのため、1968 年にアメリカで創設された Systran という会社が、1975年に EU にシステムを披露している。Systran 社はヨーロッパの各国語を取り込んだプロトタイプを開発して契約を締結し、その契約が 1980 年代まで続いた。これについては、第 14 章で Systran 社の歴史を詳しく見るときにまた触れることにしよう。1970 年代の終わりには、やはりヴォク

ワが主力となって、ヨーロッパで大きな研究プログラムが立ち上がる。1978年から1992年まで続いたこのプロジェクトは、対訳辞書の開発以上に統語面での解析に力を入れるものだった。当初は実用システムの開発をめざしたプロジェクトだったが、その目標は次第に縮小していき、システムの開発には至らなかった。プロトタイプがいくつか生まれたほか、ヨーロッパの研究機関どうしで新しい協力体制が確立するという結果を残すにとどまっている。世界ではこのほか、特に中国、日本、ソ連で研究センターが成立し、その間に独自の研究が進められている。

　最終的にパラレルコーパス（翻訳された文章のペア）が登場すると、機械翻訳に新しい手法が登場し、この研究分野はさまざまな新しい方向に広がっていく。次章では、このテーマを扱う。

◆最初期の商用システム

　前述した研究グループから生まれたプロトタイプは、のちに商用あるいは実用システムにつながっていった。

　モントリオールの研究センターが1970年代に開発したTAUM-Météoシステムは単にMétéoとなり、TAUMグループの独立系開発者だったジョン・シャンデューによって運営された。このシステムは毎日、環境省（現在の環境・気候変動省）のためにカナダの天気予報をフランス語と英語の二言語に翻訳していた。気象情報は、国全体だけではなく州ごとに必要であり、それが1日に何回か報じられるので、翻訳の量は膨大だったのである。このシステムは1977年から2002年まで運用され、総計で数十万件の天気予報、1990年代だけでも1年間におよそ3000万語を翻訳した。設計はどちらかというと古典的だったが、限られた範囲で実用的なソリューションを実現するという可能性を初めて示したものだった。訳文の質は高く、ポストエディット（翻訳後の編集）はほぼ不要、信頼性が高くエラーの少ない、整然とした翻訳だった。機械翻訳を推進するうえでこのシステムが果たした役割は、特に機械翻訳の評価が下がっていた時期だけに、ひときわ大きかったと言える。

1970 年代から 80 年代にかけては、メーカーと提携して一定の翻訳ソリューションを開発するグループもあった。たとえば、1980 年代にテキサス大学は Siemens と組んで Metal を開発している。当初はドイツ語から英語への翻訳を目的とし、のちに他の言語にも対応していった翻訳システムである。日本では、ソフトウェア業界とハードウェア業界のほとんどの企業が実用的なシステムを開発するプロジェクトを立ち上げた。日英間の翻訳だったが、一部では中国語や韓国語など、他のアジア言語も試みられている。短い技術文書と製品リーフレットの半自動翻訳（自動翻訳システムを用い、その結果を人が修正する）が主な商業目的だった。

　最後に、1960 年代の終わりには機械翻訳を専業とする初の企業が登場したことについて触れておきたい。最初であり最大となったのは、ジョージタウン大学の研究グループに所属していたピーター・ローマによって 1968 年に創業された Systran 社である。アメリカの防衛関係機関と契約し、EU とも商業契約を結んだことで、Systran はこの分野で特異な立場を獲得する（詳しくは、Systran の歴史として第 14 章で述べる）。もうひとつの例が、国防総省の支援を受けて 1970 年に創業した Logos 社で、その目的は英語からベトナム語への翻訳だった。ベトナム戦争を背景に、ベトナム語への翻訳の需要が急増したためである。Logos 社は数十年をかけて次第に処理可能な言語を広げていき、最終的には Systran と競合するまでになる。だが 2000 年には業務を停止し、OpenLogos という翻訳プログラムだけが残った。OpenLogos は、今でもフリーソフトウェアとしてオンラインで利用できる。

　こうした企業によって、自動翻訳の需要は、限定的ではあっても間違いなくあるということが明らかになった。文章（リーフレット、マニュアルなど）を複数の言語に翻訳するのは、それなりに複雑で費用もかかる。たとえば、言語ごとに翻訳者を探さなければならず、翻訳は製品開発と足並みをそろえる必要もある。中小規模の企業は、翻訳が必要であっても、そこにあまり多額を投資することはできない。そういった観点から、機械翻訳は、できれば使いたい技術、と見なされることが多いのである。こうした、

いわばニッチな市場を別とすれば、行政や防衛、諜報といった大型の市場が機械翻訳会社の顧客となる。この点に関しては、第 14 章で現在の機械翻訳市場を眺めるとき、もう一度詳しく振り返ることにしよう。

第 7 章

パラレルコーパスと文アラインメント

Parallel Corpora and Sentence Alignment

◆ ◆ ◆

　1980 年代に入ると、電子で利用できるテキスト、つまりコンピューターで直接判読できる文章が増えてきた。そうしたテキストのなかには翻訳の原文と訳文も存在し、それを「アライン（整合）する」、つまり段落または文のレベルで原文と訳文を対応させることも可能だった。このようにしてアラインしたテキストは、今に至るまで翻訳者にとって貴重な情報源であり続けているが、実は自動ツールにとっても新たに有益なデータとなりうることが、すぐに明らかになった。それどころか、次々と増え続けるこのデータによってこの分野は息を吹き返し、機械翻訳のアプローチが根底から変革されることになったのである。

パラレルコーパス、バイテキストという概念

　パラレルコーパスとは、原文と訳文のペアで構成されるコーパスである。アライン（整合）されたペアのテキストのことを、二言語であればバイリンガルテキスト、縮めてバイテキストと呼び、複数言語であればマルチテキストと呼ぶ。

　こうしたリソースはプロの翻訳者の間で広く使われている。実際、文脈に応じて適切な例を以前の訳が示してくれるので、対訳辞書以上に貴重な

情報源であると言える。技術翻訳の場合、翻訳者は通常、統一を図るために以前の翻訳で使われていた用語や言い回し、文体を利用しなければならない。したがって、過去の翻訳を参照できることが不可欠なのである。また、どの方向で翻訳したか、つまりソース言語が何だったかも重要だ。言うまでもなく、ソース言語が参照する基準のテキストになるからである。

　このように翻訳者が過去の翻訳を利用するときは、いわゆる「翻訳メモリー」を使うのが普通である。翻訳メモリーモジュールを使うと、翻訳の断片を格納したり、強力な検索エンジンを介して過去の訳を取り出したりできる。格納する際に解析を経てタグを付けておけば、単なるキーワード検索より柔軟な照会が可能になる。このようなツールが、主にプロ翻訳者向けの市場にはいくつも登場している。

　バイテキストは、かなり早くから機械翻訳の情報源として重視されてきた。翻訳メモリーには、適切な翻訳の一部が収められている。プロによる過去の翻訳が格納されているからである。そのうえ、バイリンガルテキストはインターネット上でどんどん増え続けているので、インターネット上のバイリンガルデータのみに基づいたシステムを開発することも想定できる。実際それが、今では機械翻訳で広く利用されている。

　パラレルコーパスの構築には、2つのアプローチがある。ひとつは、既存の翻訳をさまざまな言語学的技法に従って解析し、一般化するアプローチで、過去の蓄積をこれからの翻訳に活用することができる。これを用例ベースの翻訳という。以前の翻訳を、新しい翻訳のための用例と見なしているからである。一方、インターネット上で膨大な量の翻訳を利用できるようになってきたので、今では機械翻訳の統計的モデルを直接的に設計できるようになってきた。これが統計的機械翻訳と呼ばれるアプローチで、現在に至るまで最も主流になっている。

　翻訳メモリーは比較的小規模だが、自動処理となると、膨大な量のデータを使えることが前提となる。統計的機械翻訳の先駆者のひとり、ロバート・マーサーは[1]、「より多くのデータにまさるデータはない」という有名な言葉を残している。つまり、マーサーをはじめとする統計的手法の支持

者によれば、システムを開発する最適な戦略は、できるだけ多くのデータ
を蓄積することにあるというわけである。この手法に用いるデータは、代
表性†があり、しかも多様でなければならないが、そうした定性的な基準
は評価が難しいため、これまで広く続いているのは定量的な基準である。
実際、システムのパフォーマンスは、その開発に利用できるバイテキスト
が多ければ多いほど向上することがすでに確かめられている。

パラレルコーパスの入手

　バイテキストのソースは主に2種類ある。ひとつは、二言語またはそれ
以上の言語についてすでにコーパスが手に入る場合で、バイテキストはア
ラインされている場合と、アラインされていない場合がある。もうひとつ
は、言語ペアに適切なコーパスがない場合で、そこからコーパスを自動的
に構築する技法が開発されてきている。主として、ウェブ上で利用できる
テキストを収集する。

◆ 既存のコーパス

　バイテキストやマルチテキストのソースには定番と言えるものがある。
たとえば、複数の公用語が定められている国や機関は、公用語と定められ
ている言語ごとに公式文書（法制上の文書など）を作成しなければならな
い。これが、たいていは貴重な対訳コーパスのソースとなる。翻訳は原文
の内容を正確に写し取っている必要があるからである。だが、このような
テキストはほとんどの場合、立法や法律の分野に限られているため、この
データに基づく機械翻訳システムは、他の領域や分野では精度を期待でき
ない可能性がある。

　テキストのアラインメントに関する試みは1980年代に登場し、カナダ
の国会議事録、つまりカナダ議会での議論の公式記録からとられた。カナ

---

†訳注：対象の言語の特性を的確に反映していること。

ダのハンサードは、文章レベルだけでなく文レベルでもアラインされてい
るので、このコーパスは、フランス語と英語を翻訳するときには貴重な情
報源となるのである（図3を参照）。

フランス語のテキスト	英語のテキスト
J'ai fait cette comparaison et je tiens à m'arrêter sur ce point.	I have looked at this and I want to talk about it for a second.
L'article 11 du projet de loi crée tellement d'exceptions qu'il va bien au-delà de l'article 21 de la convention, au point de carrément compromettre l'objet même de celle-ci.	Clause 11 in the bill creates so many exceptions that it goes well beyond article 21 of the treaty and basically completely undercuts the intention of the convention itself.
Je cite l'article 21 de la convention.	I will read what article 21 says.
C'est assez simple:	It is pretty straightforward:
Chaque État partie encourage les États non parties à la présente Convention à la ratifier, l'accepter, l'approuver ou y adhérer [...]	Each State Party shall encourage States not party to this Convention to ratify, accept, approve or accede to this Convention [...]
Chaque État notifie aux gouvernements de tous les États non parties à la présente Convention.	Each State Party shall notify the governments of all States not party to this Convention.

図3　文レベルでアラインされたハンサード・コーパスの一例

　同様のコーパスとして現在利用できるのが、ヨーロッパの各機関で作成
されている文章である。ヨーロッパ社会は、もともと多言語の性格が強く、
価値の高いリソースがすでにいくつか存在している。欧州議会コーパスや
JRC-Acquis コーパスなどがそうで、どちらもヨーロッパの 20 以上の言
語が採用されている。文章や段落のレベル、ときには文のレベルですでに
アラインされているので、機械翻訳システムで集中的に利用されており、
利用は簡単である。どの言語も数千万単位の語で構成されているが、規模
は言語によって、あるいは対象の言語ペアによって大きく異なる。たとえ
ば欧州議会コーパスの場合、エストニア語は 1100 万語、フィンランド語

は 3300 万語、英語とフランス語は 5400 万語である。

　一般的に広く利用されているのは、やはり「有力な」言語（つまりインターネット上に広く存在する言語）だが、そのほか、特に他の語族についてのコーパスも数多く存在する。だが、そのようなコーパスは規模が十分でないことも多い。たいていの言語は、システムを構築するためのリソースがごく少ないか、まったく存在しないからである。このような場合には、新しいコーパスを構築する必要があり、これは通常ウェブ上で行われている。

◆ パラレルコーパスの自動作成

　研究者は早い時期から、インターネット上で利用できる大量のテキストの活用を模索していた。実際、すでに述べたように、既存のコーパスはほとんどが法律関連であることを考えると、ウェブ上の情報のほうがはるかに多様である。質の高いバイリンガルテキストを「収集」する手法はわりと単純で、そのシステムにはおおむね「ロボット」が使われる。ウェブ上のページを次々と移動しながら閲覧していき、同時に各ページに設定されているリンクもたどることができるシステムである。そのうえで、各ウェブページで使われている言語を調べ、ターゲット言語で同等のページが存在するかどうかを探査することができる。

　このシステムによる探査は、二言語のうち一般性の低い言語から始まる。たとえば、ギリシャ語と英語の対訳コーパスを構築する場合なら、ギリシャ語で書かれたウェブサイトから始めるほうが得策と考えられる。ギリシャ語のほうが一般性が低い、つまりウェブサイトの数はギリシャ語のほうが少ないからである。また、英語のページがあってもそれに対応するギリシャ語のページは少ないという事情もある。その逆はおそらく期待できる。たとえば、英語で書かれた大学のウェブサイトのうち、ギリシャ語の翻訳がある場合はまれだが、逆にギリシャ語で書かれた大学のウェブサイトであれば、たいていは英語版サイトも存在する。

　ウェブサイトやページごとに、2つの技術が用いられる。まず、ウェブ

サイトのアドレス（URL）レベルで同等なものを検索する。たとえば、上のギリシャ語と英語の場合、一方のサイトが http://my.website.com/gr/ だとすれば、http://my.website.com/en/ などのサイトを検索する。これが、ターゲット言語による「ミラーサイト†」であることを、そのURL から判断できるのである。これが通用しなかった場合は、各ウェブページでターゲット言語のページへのリンクを探す。多言語のサイトは、言語間を移動できるように作られていることも多いからだ（言語間を移動するリンクは、ターゲット言語の国や地域を表す小さいアイコンで示されていたりする）。一方のサイトが他方のサイトと同じ内容の翻訳版であると確認できたら、次に個々のウェブページのレベルで対応関係を照合する。各ページの言語がまだ確認されていない場合にその言語を特定できるツールもいくつか存在する。さらに、文書の長さや HTML の構造なども比較することができる。2 つの文書あるいは 2 つのテキストの長さが大きく異なる場合は、翻訳としてあまり信頼できないことが分かるし、HTML 構造には共通点があるはずだからだ。

　こうした技術は、言語学とはまったく無関係である。だが、ウェブの規模で応用すれば、膨大な数の言語で大規模なコーパスを、ごく短時間でゼロから構築することが可能になる。選択したウェブページの内容を詳しく調べれば（たとえば、最初から特定の URL で対象を絞り込み、特定のキーワードを含むウェブページだけを取得すれば）、コストをかけずに、各種の分野に特化したコーパスも手に入ることになる。ただし、このプロセスは完全に自動で行われることに注意しておきたい。データの代表性も、特定されたソースの品質も保証されないということである。実際、このような方法で取得されたバイテキストの質を保証するものは何もない。しかし、量には質が伴うのである。あるウェブサイトからは質の良くない翻訳しか得られないかもしれないが、その影響は限定されている。膨大な数の他のウェブサイトから良質な翻訳が得られると期待できる、したがって粗悪な翻訳

---

† 訳注：もとのウェブサイトと同じ内容のサイトのこと。

は統計的に無視できるものとなり、最終的には何の影響もないからである。同じ理由で、独自の個性を備える文芸的な翻訳も、それ以外に想定されるあらゆる翻訳の前では統計的に有意でないとして除外される。機械翻訳は、あくまでも標準的な等価を探すものであり、独自性を生み出そうとするものではないため、こうした除外がさほど問題にならないということなのである。

　そのうえで、このアプローチには限界があることに留意する必要がある。インターネットには、あらゆる言語が反映されているわけではないし、バイリンガルテキストを探すとなるともっと数は少ない。実際、既存のコーパスのほとんどは一方の言語が英語というのが現状で、これは英語という言語の存在感が大きいからである。利用できるデータの量がどれほど多くても、ソースとターゲットの両方とも英語でない場合、質の高い対訳コーパスを構築できる十分なデータを収集するのは難しい。この点については、第 11 章でまた触れることにする。

　コーパスを構築したら、機械翻訳システムで使うためには、段落単位または文単位でのアラインメント（整合）が必要になってくる。

文アラインメント

　ほとんどの言語で、統語的または意味論的に自律した単位となるのは、文である（句など、単語のまとまりは自律した単位にならない）。したがって、自然言語処理は文を単位として行われることが多く、機械翻訳も 1 文ごとに、それぞれを独立したものと見なして進めるのが普通である。

　文アラインメントは、1980 年代の終わりから 1990 年代にかけて、ちょうど次々とコーパスが利用できるようになった時期に普及した。こうしたリソースを使用するアプリケーションも何種類か登場し始める。機械翻訳はもちろんだが、そのほかにも多言語の用語抽出など、さまざまなアプリケーションが出現している。

　文アラインメントは通例、バイテキスト固有の特性に従って進められる。

すなわち、訳文は、原則的に原文と同じ構造をとり、文と文のつながり方も原文と訳文で同じになるという前提に立つ。また、ひと組の言語間で長さの比率も定めることができる。たとえば、単語数について見ると、フランス語の文章はおおむね、対応する英語の文章の 1.2 倍になる。こうした文の長さの比が、文アラインメントを目的に精査される最初の基準となった。この分野で最初の実験は、カナダ議会の公式記録に対して行われている。インターネット上で一般的に得られるコーパスと比べて質がかなり高く、訳文が原文にきわめて近いからである。

◆文の相対的な長さに基づくアラインメント

　文アラインメントの単純な手法としては、まず文ごとに長さが一定でないこと、次に、原文における文の長さと訳文における文の長さに明瞭な相関関係があることに着目する。これを基準にして文をアラインすることができる。つまり、原文における文の相対的な長さの違いに注目し、訳文でも類似のパターンを探せばよいことになる。ただし、アラインメントのエラーが広がる（ある箇所の誤りが、文章の他の箇所にまで波及する）のを防ぐ必要があるので、単に文ごとではなく、全体を見渡せる何らかの手順で進めなければならない。その手順のひとつとして、ソース言語で特定のパターンを見つけ、ターゲット言語で同じパターンが出現するかどうかを調べる方法がある。こうすれば、「確度の拠り所」、すなわち文章全体における位置関係から、比較的高い確度で信頼できるポイントを見つけ出せる。

　たとえば、ある数の文で構成された文章と、その翻訳文を想定してみよ

原文:

8	13	12	7	14	25	8	13	5	22	12	11	14

訳文になるとこうなる:

9	16	13	23	27	9	20	23	14	6	7	15

図 4　長さの違う 2 つの文章。各セルの数字は、文の長さを表している。

う。**図4**では、各マスが1つの文を表しており、マスの中の数字がそれぞれの文の語数である。

　図を見ると、原文と訳文で文の数が一致していないことが分かる。最初から3つの文は、語数が比較的近いので結び付けることができる（**図5**）。ターゲット言語のほうが、文あたりの語数がやや多くなっているのは体系的な傾向と考えられる。

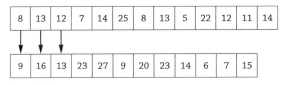

図5　文の長さに基づいてアライメントを始めたところ

　最後の1文と、いくつか特徴的な（たとえば、連続した2文で長さが極端に異なる）箇所についても、同じように結び付けることができる（**図6**）。

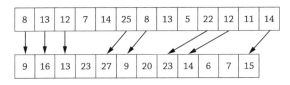

図6　単純にアラインできる他の箇所

　最後に、原文と訳文を突き合わせ、残った「ギャップを埋める」ことを試みれば、全文を結び付けたバイテキストができあがる（このとき、ソース言語の1文を、ターゲット言語の1文または2文に結び付けることになる）。原文と訳文の結び付きが1対多になるので、最終的に、このシステムでの処理は「非対称のアライメント」ということになる（**図7**）。

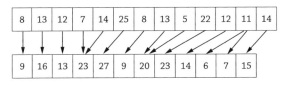

図7　残った文をアラインする

この例はもちろん単純化したもので、動的なアラインメントを実現する方法も少なくない。たとえば、最短の文と最長の文を特定する、隣接する文どうしの長さの違いを特定する、まずグループになった文の長さを計算するなどの方法が知られている。

　ゲールとチャーチは、このようなアルゴリズムをハンサード・コーパス（カナダ議会の文書）に適用し、約 4％というエラー率（すなわち、4％の文が誤ってアラインされる）を達成した（Gale and Church 1993）。1 対 1 で対応する文に限定すれば、つまり原文の 1 文が訳文でも 1 文に対応している場合のみを採用すれば、このエラー率は 1％未満に抑えることができるという。言い換えれば、非対称のアラインメントではエラーが増えるということである。また、訳文と 1 対 1 の関係になっている文が原文の 89％以上を占め、1 対 2 または 2 対 1 の関係（原文の 1 文が訳文の 2 文に結び付けられる、またはその逆）にあるのが 9％前後で、それ以外（1 文ごと訳されていない、1 文が 3 文以上に訳されているなど）はほとんど無視できることもふたりは示している。

　このアプローチの大きな利点は、シンプルで、相対的にロバスト（条件の変化に強い）ということである。この手法はさまざまな言語の組み合わせに通用することが確かめられている。事実、応用性が高く、対象となる言語をまったく問わない。アジア言語のように、アルファベットを用いず、音節文字や表意文字を使う言語にさえ適用できるのである。それでもやはり、こうしたロバストネスが無条件で保証されるわけではない。というのも、カナダ議会の公式記録は翻訳の信頼性という観点で見ると例外的に良質なコーパスであり、それと同程度以上に信頼性が高くない限り精度は下がるからである。また、前述した動的なアプローチでの対応も試みられているが、この手法は不一致が発生したときにも難航する。不整合が 1 つ生じれば次の不整合をもたらし、次々と連鎖的に影響が生じていくからである。

　そうした連鎖的な不整合を減らすために、別の手法も考案されてきた。そのひとつが、まず複数の文から成る同種の部分をテキストから見つける

方法である。文章と文の間では段落がいちばん分かりやすい単位であり、この手法に段落を用いて成功した例がある。また、最近ではほとんどの文章がウェブからとられているので、そこに含まれている HTML の明示的なタグをアラインメントに利用することもできる。HTML 上の構造は、訳文と原文とで等しい場合が多いからである。あるいは、原文と訳文で類似の単語を探す方法も考えられ、いわゆる「対応点」を見つけやすくなる。部分的に辞書の解析を伴うことから、これを辞書的（語彙的）な手法という。

◆ 辞書的（語彙的）な手法

　語彙上の対応に基づいて文をアラインする手法についても研究が進められている。ここまでに述べてきた手法ほど汎用性はないが、言語学的に近縁の言語であれば特に、一定の効率を期待できる手法である。

　あるバイテキストを見たとき、同じ、または類似の文字列が確認できることは多い。たとえば、人名や地名、その他の固有名詞がそうだ（図 8）。このような語彙上の対応関係にある語を、同源語と呼ぶ。ほかにも、数字や頭字語†など同じような機能を果たす要素があるし、ボールドやイタリックのような文字の体裁が役に立つこともある。

　このような要素はすべて、原文と訳文の間で対応点を特定する目的に利

```
Xxx xxx xx xxxx xxx xxx.          Yy yyyyy yyy yy y yyy yyy.
Xxx xxx xx xxxxx xx x xxx xxx.    yyy yyy yyyy yyyy yyy yy y yyy yyy.
Xxx xxx xx xxxx xxxx xxx xx x xxx xxx.  yy yy yyyy yyyy yyy yy y yyy yyy.
Xxx xxx xx xxxx.                  Yyy yy yyyy yyyy yy y yyy yyy.
Xxx xxx xx Sarkozy xxx xx x xxx xxx.   yyy y Sarkozy yyy yy y yyy yyy.
Xxx xxx xx xxxxx xxxx xx x xxx xxx.    yyyyy yyy yyyyyy yyyyy.
Xxx xxx xx xxxx xxxx xxxx xxx.
Xxx xxx xx xxxx xxxx xxx xx x xxx xxx.  yyy yy April yyyy yyy yy y yyy yyy.
Xxx xxx xx avril xxxx xxx xx xxx.      yyy yyy yyy yyyy yyyy yyy yy y yyy
Xxx xxx xx xxxx xxxx xxx xx x xxx xxx.  yyy.
```

図 8　訳文ペアの 2 つの文章。文脈が不明（この図では、xxx……、yyy……と表している）であっても、同一または類似の単語があるため、確実な対応点を特定しやすくなっている。

---

†訳注：複数の単語から成る名詞を、各単語の先頭の文字を並べて表した語。IBM など。

用できる。対応点が見つかれば、文の長さに基づいてアラインメントを行うときと同じように、動的なプログラミングによって計算的に文アラインメントを実行できることになる。文のペアに複数の対応点があれば、原文と訳文である可能性が高いと判断できる。このプロセスを繰り返していけば、最終的にすべてアラインできるわけである。

◆ 複合的な手法

　もちろん、以上の 2 つの手法を組み合わせて、語彙上の目印と文の長さの両方に基づいたシステムを考えることもできる。2 つの文章をアラインするとき、十分な数の同源語が存在するケースは少ない。一方、文の長さはアラインメントのよい指標になる場合も多いが、同じような長さの文が偶然いくつか続くことも、ないわけではない。必要なのは、文の間でできるだけ多くの手がかりを見つけ、局所的なアラインメントのなかで確度を高めることである。文アラインメントは、1990 年代にとりわけ盛んな研究トピックだった。研究者はさまざまな手がかりを探究し、前述したように、特に HTML 文書の構造が注目された。タイトル、フレーム、アイコンなどがあれば、それを特徴点として利用したのである。こうした研究のおかげで、利用できる対訳コーパスの数は 1990 年代に爆発的に増えた。新しく生まれたこのリソースが、用例ベースの翻訳、ひいては現在も優勢なパラダイムである統計的翻訳への道を切り開くことになる。次以降の章では、こうして成立したリソースを利用して、これまでよりも確実で信頼性の高い翻訳システムが開発されていった経緯について説明する。

用例ベースの機械翻訳

Example-Based Machine Translation

◆ ◆ ◆

　用例ベース翻訳（アナロジーに基づく翻訳、ともいう）、は、長尾真によって 1980 年代に提唱された（Nagao 1984）。当時はまだルールベース翻訳が主流だったが、長尾が指摘したとおり、従来のこのシステムは時間とともに複雑化の一途をたどっており、必然的に管理も難しくなる一方であるという大きな問題があった。また、原文を完全に解析しなければならないという特性もあり、その特性ゆえルールベース翻訳は条件の変化に対して極端に弱い。ある文の一部でも解析できなければ、その文については翻訳を生成できないのである。ひるがえって、プロの翻訳者は翻訳する文章を主に断片として扱ったうえで、それを組み立てながら、一貫性のある完全な文を作り出していると長尾は洞察した。翻訳者はたいてい、目の前にある文についてあらかじめ完全な解析を実行しているわけではない、と長尾は主張したのである。

　と同時に、パラレルコーパスには、専門性の高い辞書も含めほとんどの対訳辞書に欠落している貴重情報が大量に含まれている、と長尾は指摘した。したがって、対象とする言語間で新しい辞書や、新しい解析規則、トランスファー規則を作ろうとするより、既存の対訳コーパスで見つかる翻訳の一部を直接利用するほうが有用であるとしたのである。

用例ベース機械翻訳の概要

用例ベース機械翻訳は基本的に、3つの段階で文を翻訳する。

- 翻訳しようとしている文の断片を、ソース言語に利用できるコーパスで検索する。関連のある断片がすべて収集され、確保される。
- 次に、翻訳用のバイテキストを使用して、ターゲット言語で翻訳上の等価を検索する。
- 最後に、見つかった断片を組み合わせて、ターゲット言語で正しい文を取得する。

簡単な例で、この手法を説明してみよう。たとえば、"Training is not the solution to every problem" という英文をフランス語に翻訳すると想定し、使用する対訳コーパスには、以下のような文のペアが入っているとする（図9）。

ターゲット言語で翻訳上の等価がある部分を検索すると、たとえば例1と例2で "training is not the solution" が見つかる。

例1と例2のどちらでも、フランス語の訳では "la formation n'est pas la solution" が使われている。ターゲット言語で2つの文に共通している表現なので、これがソース英文の翻訳だと推論することができる。同じように、例3と例4から、"to every problem" は "a tous les problemes" というフランス語に翻訳できると推論できる。こうして特定できた2つの単語の並びを組み合わせれば、"la formation n'est pas la solution à tous les problèmes" という訳ができあがるのである。

もちろんこれは、ソース言語の一文が、ターゲット言語に存在する長い単語の並びに直接対応しているという、極端に単純化した例である。実際の翻訳がもっと複雑であることは言うまでもない。

例1	*Training is not the solution to everything.* *La formation n'est pas la solution universelle.*
例2	*Training is not the solution to all parenting struggles.* *La formation n'est pas la solution à toutes les difficultés rencontrées par les parents.*
例3	*There is a solution to every problem.* *Il y a une solution à tous les problèmes.*
例4	*There is a spiritual solution to every problem.* *Il y a une solution spirituelle à tous les problèmes.*

図9 "Training is not the solution to every problem." という文を翻訳するために、対訳コーパスから自動取得した文のペア。英語の各文には、翻訳対象の文と類似した単語がいくつか含まれている。

翻訳の用例を求めて

翻訳対象の文章と、使用できる対訳コーパスの間で、文レベルの完全一致が見つかることは、実際にはごくまれである。したがって、上の例で見たように、文より小さいレベルで等価（用例ベース翻訳で「用例」と呼ばれるもの）を探すことが必要になってくる。だが、たとえ文より小さいレベルであっても、翻訳上の等価を見つけるというのは複雑な処理である。なぜなら、（i）求められる「用例」、つまり完全一致する単語の並びは、ごく短い場合が多い、（ii）ソース言語でまったく同じ単語の並びに対して異なる翻訳が見つかることも多く、最適な訳を選択する基準が明確ではない、（iii）文の断片は、重複があったり、完全に交換可能ではなかったりするので、断片を組み合わせるのも容易ではない、といった理由があるからである。そこで、単語レベル（または文字レベル）で完全な等価を探そうとするだけではなく、もっと一般的な基準で等価を見つけるほうが有効

で、確実性が上がることになる。これを「アナロジーに基づく翻訳」と呼ぶことも多い。完全な文を再現するテキストの断片を見つけるのではなく、翻訳する原文とのアナロジー（類比）を伴う断片を探すからである。

　アナロジー、翻訳上の等価、「用例」を多少なりとも言語学的な基準から検索する方法が、何種類か提唱されている。

- 文字列を比較する
- 単語を比較する
- 言語的なタグ（名詞、動詞など）のつながりを比較する
- 言語構造を比較する

　1つ目の手法は文字列の比較で、対象の言語を問わないという利点がある。たとえば、アジア言語では1つの文字が1つの単語に当たることも多いが、この手法ならそれが問題にならないため、アジア言語にも適用できる。2つ目の手法は単語の比較で、優秀なレンマタイザー（辞書に出てくる形で単語を認識できるツール）が開発されている言語には適しているが、どの言語にも向いているわけではない。しかもこの手法は、すでに指摘されているように、文章の表面に近すぎるという難点がある。ひとつの言語でも変動の要因が多すぎて、現実的には力不足に終わっている。

　これより高度になると、テキストを事前処理する段階を設け、使用できる対訳コーパスにメタ情報を付加するという手法が用いられる。これが3つ目の手法で、具体的には、単語に言語的なタグを付加して、データの抽象表現を可能にするのである。事前処理の段階では、品詞によるタグ付け（形容詞、名詞、動詞などの識別）を行い、場合によっては浅い意味解析（日付、固有名詞、成句といった識別）も実行する。そのうえで、ソース言語とターゲット言語の間で言語的なつながりをマッピングするトランスファー規則に、この新しい情報を加味することになる。たとえば、形容詞を省略可能と位置づけた場合、"il y a une solution 解決策がある"というフランス語を翻訳するときに、"there is a spiritual solution スピリチュアルな解決策がある"という英語を利用できる。"spiritual"に当たる単語は、

このフランス語の断片には存在しないが、形容詞が省略可能なのでこの対応でいいわけである。もちろん、翻訳上の等価が完全でない場合、翻訳が原文から大きく異なってしまう可能性はある。

4つ目は、特定の統語構造を認識し、統語木（文の構造をツリー形式で表す）を直接比較して処理する手法である。この手法であれば、表面的に、つまり単語の並びしか見ないときにはまったく違って見える文も、理論上は比較できることになる。たとえば、"he gave Mary a book" と "he gave this book to Mary" の2つの文は同じ統語構造をもつと見なされる。だが、単語の並びしか見ないシステムであれば、"he gave" だけが共通する断片として認識され、あとは孤立した数単語と見なされてしまうところである。

ターゲット言語で対応する断片を収集したら、一連の規則または統計的索引を適用して、見つかった断片から完全な文を再構成しようとする。ただし、こうして得られた断片は不完全で部分的だったり、重複があったり、自律的な統語上の句に対応していなかったりするのが普通なので、再構成は容易ではない。関連性のある統語上の句（完全な名詞句や動詞句など）だけを使うシステムを開発しようとした研究者もいたが、これも別の理由で質の向上にはつながっていない。最大の原因はデータの少なさだった。句のレベルで十分な例を集めるのは至難だったのである。

用例ベース機械翻訳の訴求力と限界

用例ベースの機械翻訳は、1980年代に大きな注目を集めた。機械翻訳システムを人の手で開発するには、時間と膨大なコストがかかるが、用例ベースの手法なら、この頃から使えるようになりつつあった膨大な量のバイリンガルテキストを効果的に活用できたからである。この手法が、バイリンガルテキストのアラインメントに関する最初の研究と同時に出現したのは、決して偶然ではない。

この手法は、主にアジア言語を対象に研究が進んだ。アジア言語には、

たとえばフランス語と英語のペアにあるような類似性が見られなかったからである。そのため、日本語における「〈名詞1〉の〈名詞2〉」という構造がよく例として引用される。日本語の助詞「の」は、2つの名詞についてさまざまな関係を表せる。ここでは、文献でたびたび引用される、1991年の論文（Sumita and Iida 1991）の例をあげてみる。

三つのホテル	Three hotels
一週間の休暇	A week's holiday
京都の会議	The conference **in** Kyoto
会議の参加費	The application fee **of** the conference
会議の目的	The objective **of** the conference
八日の午後	The afternoon **of** the 8th

図 10 日本語の助詞「の」のいろいろな例。この助詞を英語に翻訳するときには、文脈に基づいて、さまざまな言語構造が必要になることが分かる（Sumita and Iida 1991）。

図10に見るとおり、助詞「の」が表す2つの名詞の関係は多様である。一種の所有格にもなるし、目的、時間、場所などの意味も表せる。このことを規則で定式化しようとすると、意味的な情報まで踏み込まねばならないため、ほぼ不可能であるということを著者らは示しているのである。用例ベースの手法が効果を発揮するには、用例が翻訳対象の文章を十分に網羅できている必要がある。

　この手法の限界は明らかである。既定のまま、一連の用例から翻訳の断片が見つからない場合、システムは失敗に終わるか、逐語単位の翻訳を出力するだけとなる。この手法の本質は、系統的に遠い言語（日本語と英語のペアが典型的）についても研究されており、そのために人の手でトランスファー規則を作るのは困難に思われた。曖昧なパターンについては、個々の文脈をひとつひとつ記述するのではなく、翻訳上の等価において意味論

的クラスと明示的なマーカーに正しく着目すれば曖昧性を除去できるというのが、用例ベース翻訳支持派の意見だった[1]。たとえば、日本語の助詞「の」については、—'s で表される所有格、特定の前置詞（for、in、of など）で導かれる表現などが英語における等価となる。こうした要素のひとつひとつ、つまり日本語では「の」、英語では所有格や前置詞が「マーカー」と見なされる。

　用例ベース翻訳は、語彙が限られていて、専門用語や言い回しが具体的かつ定型的で、特定の特殊言語を用いるような限定的な分野にも使用された。たとえば、コンピューター関連の文書は用例ベース翻訳が試された結果、ある程度の成功を収めた分野である（Somers 1999; Gough and Way 2004）。コンピューター関連の文脈では、文が定型的で、同じ表現の繰り返しも多いため、用例ベースの手法で翻訳対象の文章にまずまず通用したからである。それでも、通用する範囲を拡大することは課題として残った。定型の多い文章でさえ、通用する範囲は部分的だったのである。結局、用例ベースの翻訳は、注目されたものの、実務的な現場に限ってもあまり使用されていない。

　今までのところ、用例ベースの機械翻訳は、もっと複雑なシステムの中でモジュールとして使われるケースも出てきている。用例ベースの手法を、大規模コーパスの統計的解析と組み合わせると、それなりの成果が出ることが確かめられている。統計的手法は再現率が高く、用例ベースのパラダイムの適合率を活かせるからである。

第 9 章

統計的機械翻訳と単語アラインメント

Statistical Machine Translation and Word Alignment

◆ ◆ ◆

　1990 年代の後半になると、アライン（整合）された対訳コーパスは、複数言語の間で単語や句のレベルにおける翻訳上の等価を抽出しようとする研究の対象になっていった。たとえば 1990 年代には、翻訳者が使う対訳辞書をパラレルコーパスから作成するという作業が広く行われている。統計解析によって完全自動の翻訳システムを作り出そうとする試みも、同時に始まった。この手法は現在でも最も広く普及しており、この分野で最先端の研究につながっている。

　予想されるとおり、単語アラインメントは文アラインメントより大幅に複雑になる。文のレベルであれば、原文と訳文が 1 対 1 で対応することも多く、原文の 1 文は訳文でもおおむね 1 文に対応する。だが、単語のレベルになると、1 対 1 を期待できるほうが少ないからである。言語の違いというものは大きく、直接そのまま翻訳できない単語が多いことはよく知られている。したがって、単語レベルの対応は「非対称」にならざるをえない。ソース言語あるいはターゲット言語における 1 単語は、他方の言語における 1 単語にも複数単語にも対応するし、対応する語がないこともあるということである。

いくつかの例

　こんな例を考えてみよう。"Thanks to those in the field for their insights" という英語が、"Merci à tous ceux qui, sur le terrain, ont fait part de leurs idées" というフランス語に翻訳されている（www.unaids.org のサイトより）。英文は 9 単語だが、フランス語訳には 14 単語も費やされている。このように、単語レベルでアラインメントを示すのは難しいのだが、その理由は 2 つの文の構造が同じでないことにある（フランス語では関係節が使われている一方、英語はシンプルで直接的な表現になっている）。2 文の間で辞書的なアラインメントが不完全になっている例を、図 11 に示す。ここで言う「不完全」とは、単語によって、対応する翻訳上の等価がないという意味である。

Thanks to those in the field for their insights.

Merci à tous ceux qui, sur le terrain, ont fait part de leurs idées

図 11　2 文の間で考えられるアラインメントの例

　この例を見ると、前置詞 "for" の等価が、"qui ont fait part de" ということになってしまう。"for" の 1 語がフランス語の 5 単語に当たると考えそうになるが、そんなことは、まずありえない。図 12 の例になると、これがもっと極端になる。

　図 12 でも、原文の単語のうち、訳文で直接は翻訳されていない単語がある。また、原文と訳文で順序が入れ替わっている部分があるため、リン

We will see to it that what he has announced he will actually do if the need for it becomes apparent.

Nous veillerons à ce qu'il fasse réellement ce qu'il a annoncé si la nécessité s'en fait ressentir.

図 12　2 文の間で考えられるアラインメントの例。リンクの交差もある。

クの交差も見られる（英文の "… that what he has announced he will actually do …" が、フランス語で "… qu'il fasse réellement ce qu'il a annoncé" になっている）。原文の 1 単語が訳文の複数単語に、あるいはその逆になっている箇所もある（"will see" という 2 語が、未来時制を 1 語で表した動詞 "veillerons" になっている一方、英語の 1 単語 "what" はフランス語で "ce que" の 2 語に結び付けられている）。

　そして、この文の最後の部分を厳密にアラインするのは困難である。むしろ、"the need for it becomes apparent" という句と "la nécessité s'en fait ressentir" を結び付けたほうが、うまく収まるのかもしれない。良い翻訳であるだけに、どう分解すればいいのか判断が難しいからである。"the need" という句だけは "la nécessité" に対応させられるが、残りのフランス語が直接 "becomes apparent" の翻訳になっていると考えることはできない。

　要するに、辞書的な等価を見極めるというのは、「探索空間」（検討しなければならない可能性の規模）が広大すぎて、自動化が難しい処理なのである。ソース言語の単語ひとつは、ターゲット言語のどんな単語あるいは単語群にも結び付く可能性がある。もちろん、人が既知の言語を扱うときであれば、そこを見誤ることはない。だが、まったく未知の言語を扱うとなったら、その厄介さは想像できるだろう。コンピューターにとっては、まさにそういう状態だと言える。構文も意味も理解せず、辞書などの語彙情報も利用していない状態だからである。言語学的な観点からも、この処理についての疑問はさらに大きくなる。複数言語の間に、単語レベルでは直接の等価が成り立たないことは、翻訳に関してよく知られていることだからである。その証拠に、逐語的な翻訳は十中八九、目も当てられない結果に終わる。こうした考え方はおおむね正しく、逐語的なアプローチから生じる根本的な誤りを避けようと、機械翻訳で複雑な単語列まで処理する試みが何年にもわたって続けられたことは、これから見ていくとおりである。

　それでも、1980 年代の終わりにかけて、単語レベルでの文アラインメントに基づく統計的手法は、機械翻訳をめざましく前進させた。この手法

では当然、言語の統計的性質を考慮する。ということは、ある言語で特に頻繁に出現するパターンに注目するので、限界はあるものの、単純であれば相当な数の文に対して許容範囲の翻訳を出力できるのである。場合によっては、非対称のアラインメント（ソース言語の1単語がターゲット言語の複数単語に対応する）のおかげで、統計的手法から成句を見つけることができ、逐語的な処理の限界を乗り越えられることもある。

　これ以降は、1980年代の終わりから90年代のはじめにかけて開発された辞書的アラインメントのモデルについて探っていく。この手法がめざすのは、大規模な対訳コーパスから自動的に対訳辞書を抽出することである。そうして得られた辞書で、単語ごとに複数の翻訳が提案され、正しい翻訳である確率を反映したスコアがその翻訳に割り当てられる。このような辞書は、逐語的な翻訳の基礎になることから、機械翻訳システムに不可欠な要素となっている。

◆機械翻訳の「基本方程式」

　1980年代の終わり頃、ニューヨークのヨークタウンハイツに置かれたIBMの研究施設で、あるチームが機械翻訳システムの開発に着手する。そのベースになったのは、もともと音声転写のために開発された技術だった。音声転写とは、音声から文字テキストを生成する処理である。翻訳も、入力信号が音声ではなくソース言語の単語列になるだけで、似たような処理であると見なすことができる。

　IBMの実験は、1980年代末から90年代初頭にかけて発行された一連の論文に掲載されている（Brown et al. 1988, 1990, 1993）。ブラウンらは、ソース言語とターゲット言語が何であろうと、ひとつの文に対しては常に複数の翻訳が考えられるという前提から出発している。そのような候補からどれを選ぶかは、多かれ少なかれ、好みと個人の選択の問題になる。そう考えると、ターゲット言語におけるどんな単語列も、ある程度は、ソース言語の単語列の翻訳と見なすことができる。原文を S、訳文を T として原文と訳文のペア (S, T) を考えると、翻訳者が原文 S から翻訳 T を生成

する確率 $\Pr(T|S)$ を計算で求められる。そうなると、$\Pr(T|S)$ の値は、(Le matin je me brosse les dents ; President Wilson was a good lawyer) という文のペアではきわめて小さくなり、(Le président Wilson était un bon avocat ; President Wilson was a good lawyer) というペアでははるかに大きくなる。言い換えれば、ターゲット言語におけるどの部分もソース言語の翻訳と見なすことができるとはいえ、現実的な翻訳ではこのスコアが 0 よりずっと大きくなり、実用に耐えない翻訳はスコアが限りなく 0 に近くなるはずである。

　IBM のチームは、確率論で有名な原理であるベイズの定理を使ってこの仮説をモデル化できることを示した。ベイズの定理は、ある意味でこの問題を逆転させ、ターゲット言語のさまざまな単語列について、どれが最も高い確率でソース言語の翻訳であるかを判定できるのである。これを形式化すると、次のような式になる。

$$\Pr(T|S) = \frac{\Pr(T)\,\Pr(S|T)}{\Pr(S)} \qquad (1)$$

ここで、$\Pr(T)$ はターゲット言語の言語モデル、$\Pr(S|T)$ は翻訳モデルである。翻訳モデル $\Pr(S|T)$ は、単語列 S が単語列 T に対応している確率（S が、単語列 T に対応するソース言語の単語列である確率）を表す。この確率が 1 に近ければ、2 つの文に原文とその訳文という対応が認められることになる。一方、言語モデル $\Pr(T)$ は、ソース言語を考慮せず、この単語列がターゲット言語に存在する確率を表す。つまり、ターゲット言語での語順を考慮したうえで、T がターゲット言語において適格で有効な単語列である確率ということになる。

　たとえば、"the red car" という語順になる確率が "car the red"、"car red the"、"red car the" のどれよりも高いという事実を $\Pr(T)$ で表す。そうすると、"la voiture rouge" の翻訳は、同じ単語で構成される他の語順ではなく、"the red car" になる。後述するように、翻訳モデル $\Pr(S|T)$ は文を小さい断片に分解し、単語レベルで等価を検索することによって翻訳プロセスを実現する。逐語的な等価をすべて合わせると、語順が違うだ

けのいろいろな文の候補ができあがる。ここで $\Pr(T)$ を利用すれば、語順だけを考慮してその候補から、ターゲット言語で正しい語順になる確率が最も高いものを選択できる。

式（1）の分母は T に依存しないので、この式は次のように単純化することができる[†]。

$$T' = \operatorname{argmax}_T \left[\Pr(T) \times \Pr(S|T)\right] \qquad （2）$$

IBM のチームにとって（Brown et al. 1993）、この公式は「機械翻訳の基本方程式」と言える。これ以降の統計モデルはすべて、この式から派生しているからである。

この方程式は、翻訳プロセスで原文をどう分解するかについてまったく説明していないことに注意してほしい。最も簡単な方法としては、単語を手がかりに、少なくとも最初の近似操作では逐語的な翻訳を行うというやり方がある。その場合にめざすのは、文レベルでアラインされた大規模なコーパスを使用して、ソース言語の単語ごとに、ターゲット言語での等価を検索することである（第7章を参照）。そのために IBM のチームが提唱したのは、統計的翻訳のプロセスを3段階に分解することだった。

1. 原文の長さに応じて、訳文の長さを判定する。
2. 原文と訳文の間で、可能性が最も高そうなアラインメントを特定する。
3. 単語レベルで対応を調べる（ソース言語の単語 m_s に対応するターゲット言語の単語 m_t を探す）。

この手法が、翻訳プロセス全体を極端に単純化していることは明らかだろう。なかでも1つ目の手順では、ソース言語で長さが1のどの文も、ターゲット言語で長さ m の文に翻訳されると想定していることになる。実際、1980年代の終わりになると、IBM もこの手法の限界を十分に意識するようになった。このような手法は、言語的な情報を取り込み、さらに詳細な言語間の照合規則も取り込んで補完されなければならないと、当時発表さ

[†]訳注：$\Pr(T) \times \Pr(S|T)$ を最大化する T を、選択する単語例 T' とするという意味。

れた各種の論文でもはっきりと指摘されている。IBM のチームは、この手法に固有の制約を考えると、一定以上の発展は望めない可能性すらあると考えたほどだ。だが IBM は、ごく単純なアプローチで得られた翻訳の質を、長年にわたる人間の努力で実現した複雑なシステムと比較評価しようと試みた。後述するように、そこで得られた結果は、この観点から言うと、信じられないくらい良好だったのである。

IBM モデルの真髄は、翻訳に際してターゲット言語で単語をどう選ぶかというところにあった。つまり、モデル全体の本質は辞書的なアラインメント、すなわち単語レベルでのアラインメント手法そのものにあるということだ。アプローチの全体は 2 段階の手順から成る。第 1 段階で、大規模な対訳コーパスからできるだけ多くの情報を取り出し、第 2 段階でその情報を使って新しい文を翻訳する。細かく言うと、以下のような手順になる。

1. バイテキスト（文レベルでアラインされたテキスト）で構成される大規模なコーパスに、単語アラインメントのアルゴリズムを適用する。このときの解析で得られる成果物は 2 つある。単語レベルのアラインメントで得られる対訳辞書と、文レベルで全体的に精度の上がったアラインメントである。

2. この膨大な量の情報を使って、エンドユーザーが望む新しい文を翻訳する。

この第 1 段階を、「トレーニングステップ」または「ラーニング（学習）ステップ」と呼び、第 2 段階を「処理ステップ」または「テストステップ」と呼ぶことが多い。システムとして一定以上の成果を出すには、トレーニングに使うデータがテストに使うデータに近くなければならない。言うまでもなく、トレーニングステップで蓄積される情報の質が鍵となり、そのためには単語レベルと文レベルでアラインされた膨大なコーパスの解析が欠かせない。1993 年に IBM が発表した論文では、前のモデルから段階的に次のモデルを修正していき、最終的に 5 つのアラインメントモデルが提

示されている。この論文がのちの研究に与えた影響は大きい。

辞書的アラインメントのさまざまな試み：IBM モデル

ここまでに見てきたように、1980 年代の後半に IBM で開発された翻訳
手法は、基本的に単語レベルで置き換えた訳語の選択に基づいている。し
たがって、この手法に欠かせない要素は正確な対訳辞書ということになる。
統計的なフレームワークでの対訳辞書とは、単語ごとに、ターゲット言語
における翻訳候補をリストにし、それぞれの翻訳候補の確率を示したもの
である。実践的な理由から、ある単語に対する翻訳候補すべての確率は合
計で 1 になるようにする（表 1）。

表1　英語の単語 "motion" に対してフランス語の翻訳候補を示した例

英語の単語	翻訳候補	確率
motion	mouvement	0.35
	geste	0.12
	motion	0.11
	proposition	0.1
	résolution	0.1
	marche	0.05
	signe	0.04
	…	
		合計 = 1

注：翻訳候補それぞれの確率は、実際にこう翻訳されている頻度（コーパスでその
単語が出現する総数に対して）に基づいて算定されている。したがって、
"mouvement" が最も確率の高い翻訳となり、"geste" 以降がそれに続く。上の例
では便宜的に上位 7 つまでしか候補を示していないが、理論上は、ソース言語の
1 つの単語について、確率の合計が最終的に 1 を超えない限り必要なだけいくつ
でも列挙できる。

実際には、IBM の各モデルで単語レベルの対応は 1 対 1 に限定されて
おらず、原文の 1 単語が訳文で 0 語、1 語、n 語にアラインされる場合も
ある。各モデル（モデル 1 ～ 5）では、ターゲット言語において複数単語

に対応する表現、あるいは他方の言語で等価がない単語について（たとえば、ある言語で使われる限定詞が他方にはない、など）、さまざまな最適化が試みられている。数学的な詳細は省いて、各モデルの概要を以下に示す。

◆ モデル1

IBM が開発した第1のモデルは、ごくシンプルなものだった。まず、ターゲット言語におけるどの単語も、ソース言語における任意の単語の翻訳でありえるという初期状態（任意のバイテキストから、原文と訳文の関係にある2文を取り出した状態）を考える。出発点だとしてもかなり粗雑に思えるかもしれないが、この初期段階では言語的な情報がいっさいなく（辞書も指定されていない）、大規模なコーパス（現在では、どのシステムでも数百万単位の文がアラインされている）に基づいて解析するという点を忘れてはなるまい。この手法について説明するために、これ以降では、単独の1文を例として取り出すが、この手法は、数百万の用例から規則性が認められて初めて成り立つものである。

ターゲットの単語 m_t が、ソースの単語 m_s の翻訳である確率を概算で求めるには、単語 m_s が出現する文のすべての翻訳に出現するすべての単語を収集し、収集した単語の相対的な頻度から、各単語が翻訳される確率を計算すればよい。ということは、直感的に分かるとおり、言語的な情報がまったくない状態では、訳文におけるすべての単語が、原文におけるすべての単語の翻訳でありえると判断される。したがって、たとえば "the cat is on the mat" ⇔ "le chat est sur le paillasson" という文のペアを考えると、フランス語の6つの単語、"le"、"chat"、"est"、"sur"、"le"、"paillasson" は、いずれも英単語 "cat" の翻訳でありえると同時に、それ以外のどの単語の翻訳でもありえるということになる。もちろん、1つの文だけを切り離して考えたのでは、この手法は成り立たない（"paillasson マット" は "cat" の適切な訳ではない）が、大量の文を解析すれば、"chat" ⇔ "cat" という対応が補強されてくる。バイテキストでこの2語がともに出現する確率はきわめて高いからである。一方、"cat" と "paillasson" という対応はほぼま

れで、その確率は最終的に限りなく 0 に近づくので、ほぼ無視できることになる。

　だが、この単純な解法には大きな問題がある。訳文が 20 単語から成る場合、その各単語は、訳文が 5 単語だけから成る場合と同じ重みで翻訳候補であると見なされる。しかし、m_s それぞれについて見つけるべき等価の m_t は 1 つだけなので、文が長くなればなるほど、短い文よりノイズ（誤った単語対応の可能性を作り出してしまうこと）が多くなってしまうことは明らかである。言い方を変えると、5 単語のような短い文における各単語の確率を引き上げるために、文の単語数を考慮するべきである。

　と同時に、このシステムは文レベルでの単語アラインメントすべての全体的な確率も計算する。単語レベルでの結び付きの一部が補強されると（"cat" と "chat" のように）、文レベルでいくらか確率が上がり、逆に文レベルで確率が上がると単語レベルでの結び付きが補強される。具体的な過程は、以下に説明するとおりである。

　この原理に従って IBM で定められたのが、期待値最大化（EM）アルゴリズムという古典的な学習アルゴリズムを用いるプロセスだった。単語の各ペア m_s-m_t に伴う確率と、文レベルでの各アラインメント候補に伴う確率を段階的に計算するのである。前述したように、この 2 つの確率は相互に依存しており、段階的に相互を補強していく。EM アルゴリズムはこの結合確率を 2 段階で計算する。（ i ）まず、任意の初期値を各パラメータに割り当てる。通常は、原文のどの単語も、訳文の任意の単語に同じ確率で結び付けることができるからである。（ ii ）次に、文レベルでの全体的なアラインメントの確率、次に再び単語レベルの確率、というように反復的に計算していき、収束するまでこれを繰り返す。反復法を用いるのは、文レベルのアラインメントによって単語レベルの確率が変化し、逆に単語レベルのアラインメントによって文レベルの確率が変化し、最後に安定した状態に達するからである。

　例をあげて説明しよう。どのアラインメントも辞書的な対応も、最初は同じ確率である。バイテキストで（原文にも、対応する訳文にも）2 つの単

語が頻繁に出現するというデータから、それが原文と訳文の関係である確率が段階的に強化され、その2単語が関係する文のレベルでもアラインメント候補の確率は上がっていく。単語レベルでのアラインメントプロセス

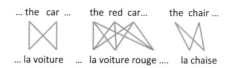

図13 アルゴリズムの最初の段階。英語の各単語が、フランス語訳のすべての単語に等しい確率で結び付けられる。

図14 初回の反復から、原文と訳文に出現する頻度に基づいて、"la" と "the" の結び付く可能性が最も高いと判定される。このような結び付きが強化される（図では線が太くなっている）一方、他の結び付き、すなわち他のアラインメント候補は弱くなる。

図15 反復を重ねると、"voiture" と "car"、"chaise" と "chair"、"red" と "rouge" など他の結び付き候補も特定されていく。それ以外の候補とアラインメントは次第に確率が低くなる。

図16 収束に達する、つまり一定の構造が見つかると、このプロセスは終了する。図にあった他の結び付きは削除されるが、実際には、きわめて低い確率で残される。しきい値を設けてこのアラインメントを絞り込めば、一定の確率以上が選択されて、この図のように他の候補はすべて消去される。

を分かりやすく示したのが、以下の**図 13 〜 16**（Koehn 2009 に基づく）である。

　数学的な詳細については、IBM の最初の論文（Brown et al. 1993）を参照されたい。こうしたアルゴリズムを大規模なコーパスに適用するには、メモリー管理と複雑な計算手法を制御できなければならない。しかも、ここでの説明は簡略化したものであって、実際の単語については、1 対 1 だけでなく、1 対 m の対応、つまりソース言語の 1 単語がターゲット言語で m 語の単語に対応する場合も考慮するため、問題はさらに複雑になる。最後に、このアルゴリズムは結果が最適であることを保証しているという点に注意しておきたい（つまり、このアルゴリズムは最後に収束に向かい、一定回数の反復後にはシステムが必ず停止するということである。EM アルゴリズムは本来、必ずしもそうなるものではない）。

　これ以降のモデルはすべて、上述した最初のモデルから派生している。特定の言語的な特殊性をさらに確実に反映し、翻訳の質を改善すべく複雑にしていった結果である。

◆ モデル 2

　前項で見たように、IBM のモデル 1 は、単語レベルでの最初のアラインメントがすべて等しい確率であると見なすものである。つまり、アラインメントプロセスの最初の段階では、原文のすべての単語 m_s が、訳文のすべての単語 m_t に、等しい確率で結び付きうるという仮定に立っている。この仮定が誤っているのは明らかだ。一方、異なる言語の間でも、特に類型的に近い言語であれば（フランス語と英語のように）語順がおおむね似ていることは、誰でも見ればすぐに分かる。常にそう言えるわけではないが、原文と訳文の語順に強い相関関係が存在することは間違いない。

　そこでモデル 2 では、原文の単語 m_s から見た単語 m_t の相対位置を計算に反映して、モデル 1 を修正する。これで、モデル 1 のアルゴリズムが根本的に変わるわけではないが、精度は上がり、収束に達するまでのラーニングプロセスも速度が上がる。

　モデル 3 は、モデル 2 より目に見えて複雑になっている。ここで主にめざすのは、1 対 n 対応の問題の形式化を進めることである。ソース言語における 1 単語が、ターゲット言語で複数の単語に翻訳される、たとえば英語の "potato" がフランス語の "pomme de terre" になるような対応のことである。この問題は、これ以前のモデルでは扱われていないが、どんな言語の間でもきわめてありふれている。IBM のモデル 3 は、関連して別の問題にも対処する。冠詞の "the" はフランス語で 1 単語（"le"、"la"、"les"、"l'"）に翻訳されることが多いが、省略される場合もある。"only" は "seulement" とも訳されるが、"ne… que" という表現（連続しない 2 単語）によって表されることもある。

　そこで、IBM のチームがモデル 2 に導入することを提唱したのが、「稔性確率」だった[†]。原文の各単語について、訳文で想定される単語数を指定するという考え方である。通常、1 つの単語は別の 1 単語に翻訳されるが、たとえば "potato" の翻訳は "pomme de terre" であり、フランス語では意図的に 3 つの単語になる。また、"the" に対する翻訳は 0 語か 1 語である。

　これに関連して、意味的に空の単語を訳文中で推測によって補うこともめざした。こうすると、これ以前のモデルにあったひとつの限界を解決できるのである。これまでは、訳文で 1 つの単語を生成するためには、原文にも対応する単語が必要だった。だが、たとえば "il est avocat" を "he is a lawyer" に翻訳する場合、冠詞 "a" を追加しなければならない。これが、前のモデル（IBM モデル 2）では不可能だったのである。こうした問題を解決するために、「歪み確率」を導入する。訳文で新しい単語を適切に生成できるように、アラインメント中に空の位置を認めるという考え方である。

[†] 訳注：稔性は fertility の訳。もともとは植物学の用語で、植物が受粉または交配するとき、受精によって子孫を作りうる性質を言う。

◆ モデル4

　次にIBMのチームが発見したのは、文にはある程度まで自由に位置を
動かせる部分があって、そのことも原文と訳文との構造に違いが生じる原
因になっているということだった。ソース言語とターゲット言語で文の構
造は同じはずなのに、一部の句が移動しているために異なって見える場合
があるということだ。たとえば、"He has lived in New York since last
year"と"Il habite depuis l'année dernière à New York"について、構造
は同じで、"in New York"に相当する"à New York"がフランス語では文
の最後に来ているという違いがあるだけと考えるのである。

　これ以前のモデルは、主に単語レベルでの対応をもとにしていたため、
このような問題にうまく対処できなかった。そのためモデル4では、モデ
ル3で提唱された歪み確率を修正し、文の中で移動できる語句のブロック
を考慮するようにしたのである。

◆ モデル5

　モデル5は、モデル4から根本的な修正が加えられたわけではないが、
問題を違う形で形式化する場合には考慮されてしまう無意味な言葉の並び
を回避できるようになった。数学的に精度は上がるが、必要な計算が複雑
になるわりに、結果は大きく変わらないか、むしろ他のモデルより悪化す
ることすらある。モデル5では、必要なトレーニングデータが増えるため
である。要するに、モデル5は主として計算上の問題に関わるもので、言
語学的な見地からは特に新しい要素がなく、ここでは無視できると言って
よい。

翻訳（処理）段階

　ここで、統計的手法の翻訳プロセスには大きく言って2つの段階がある
ことを思い出してほしい。最初に、バイテキスト（文レベルでアラインさ

れたテキスト）の大規模なコーパスを使い、単語の翻訳について、そして文レベルにおける全単語のアラインメント候補について自動的に情報を収集する。これが、前項までに見てきた内容だった。この段階を「トレーニング」または「ラーニング（学習）」フェーズと言うが、「エンコード」フェーズと呼ぶことも多い。言語に関する情報のエンコードを伴うからである。

　次に、対訳コーパスから取得された情報を利用して新しい文を翻訳するのが「処理」フェーズあるいは「テスト」フェーズ、「オンライン」フェーズで、これは「デコーダー」とも呼ばれる。秘密のメッセージを解読（デコード）するときのように、入力された文を「デコード」しようと試みるからである。

　ソース言語の新しい文が入力として与えられるたびに、システムは文を単語に分割したうえで、単語ごとに最も可能性の高い翻訳を検索し、翻訳モデルによって指定された語順の制約を適用する。

　ターゲット言語でのさまざまな翻訳候補の確率を評価するのが「言語モデル」で、翻訳の質はこの言語モデルによって大きく左右される。言語モデルで検討される翻訳は、単語レベルで最も確率が高い等価に基づいているとは限らない。単語レベルで最も確率が高い翻訳を組み合わせただけで得られた翻訳が、文レベル全体ではごく低い確率になってしまうことがある一方、もっと確率が低い翻訳を含む単語の並びにもかかわらず、文レベルになると高い確率になることもある。例をあげてみよう。"The motion fails" という文には "motion" という単語が含まれており、その単語に対して最も確率の高いフランス語の単語は "mouvement" である（83 ページを参照）。そのままいけば、確率の最も高い単語に基づく翻訳は、"le mouvement est rejeté" となるところだが、これはフランス語として意味を成さない。実際の翻訳としては、"la motion est rejetée" となる確率のほうが高い。"motion" という英単語に対しては、"mouvement" より "motion" のほうが確率は低いにもかかわらず、である。この翻訳が正しいことは、言語モデルによって正しく予測される。

　実際に最適な翻訳を見つけるには、無数の選択候補をえり分けなければ

ならない。どの単語も翻訳上の等価は無数にあり、訳文で翻訳されない場合さえある。最適な翻訳候補を見つける機能を担うのが、「デコーダー」と呼ばれるモジュールである。デコーダーは、翻訳モデルと言語モデルを考慮しながら、文レベルでスコアが最高となる解を見つける。

このような問題を解くための手法は、コンピューター処理としてはかなり複雑になる。目標は、特に確率の低い局所的な可能性を排除していき、最も確率の高い全体的な解に収束させることにある。この種のアルゴリズムは機械翻訳に固有のものではなく、すでに音声分析に広く利用されている。音声の場合、良い翻訳を見つける過程で最適なスコアを計算するのだが、そのもとになる大量の部分的な分析結果は、重複していることも、相互の関係が崩れていることも多い。

機械翻訳のルーツへの回帰

IBM の各モデルは、ある意味、この分野のルーツに回帰しているとも言える。そこで提唱されている手法には、1949 年にウィーバーが提唱した内容の一部が色濃く反映されているからである。翻訳の生成を試みるモジュールが「デコーダー」と呼ばれるのも、決して偶然ではない。汎用の通信モデルを想起させる用語であり、訳文に翻訳することによって原文を「デコード」するという目標も変わっていない（第 5 章を参照）。

IBM が設計したモデルは、改良と修正を経て改善され、大きな成果をあげた。機械翻訳に携わる主な関係者はすべて、深層学習（第 12 章を参照）という新しい手法に移りつつあるが、IBM のモデルは今日使われているほとんどの機械翻訳システムの基礎であり続けている。

とはいっても、このモデルに独自の限界があることは間違いない。その最たるものが、妥当な成果をあげるために膨大なデータを必要とすることである。次章では、これらのモデルをめぐる近年の展開を見ていくが、データ量が十分ではないために高精度の統計的機械翻訳システムを実現できない、希少言語の状況にも焦点を当てることにしよう。

第 **10** 章

セグメントベースの機械翻訳

Segment-Based Machine Translation

◆ ◆ ◆

　前章で見たとおり、機械翻訳のために IBM が開発したモデルは一定の
成功を収めた。IBM モデルの最大の限界は、主として単語レベルのアラ
インメント（整合）をもとにしていた点にある。逐語的な翻訳の生成が中
心であり、1 対 m のアラインメントが成り立つ、つまりソース言語の 1
単語がターゲット言語で複数の単語に対応する場合でもその点は同じだっ
た。本章では、IBM モデルのこうした限界を乗り越えようとして 1990 年
代から 2000 年代にかけて進められた試みを取り上げる。純粋に統計的な
手法の限界を補うために、統語論的および意味論的な性質の情報が段階的
に取り入れられていった過程である。

セグメントベースの翻訳に向けて

　IBM モデルでは、いくつもの強化拡張が重ねられた。最大の試みは、
単純な逐語的翻訳の限界を克服するために、セグメント（単語列）という
考え方を取り入れたことだった。なかでも特筆すべきは、両方向アライン
メントという概念である。この考え方によって、対訳コーパスにおいて単
語レベルの翻訳を検索するときの精度が大幅に向上することになった。

◆両方向アラインメント

IBM モデルは、ソース言語の 1 語に対してターゲット言語では 0 語、1 語、n 語という形でも対応を認識することができる。しかし、厳密な性質上、その逆の対応は認識できない（ターゲット言語の 1 単語を、ソース言語で複単語表現に対応させることができない）。複単語表現はどの言語でも当たり前に存在するので、言語学的な基盤をもたないモデルでは大きな限界となる。そこで、IBM モデルによるこの限界を乗り越えて、m 対 n のアラインメント、つまりソース言語とターゲット言語の間で、語数を問わず複単語表現が対応する場合も処理できるようにすることが必要と思われた。

図 17 の例文は、IBM の論文にも登場しているが、1993 年に提唱されたモデルでもこれは処理できなかった。

解決策のひとつは、まずソース言語からターゲット言語への方向でアラインメントを計算し、次に逆方向（ターゲット言語からソース言語）で同じ処理を繰り返すことである。そこで共有されるアラインメント、つまり両方の方向でアラインされた単語のアラインメントを確保する。この手法で得られるアラインメントは概して正確だが、バイテキストの通用範囲が狭かった。全体的に、この手法には大きな欠陥が 2 つあったのである。ひとつは、単純なアラインメントよりプロセスが複雑になり、計算時間も長くなること。もうひとつは、プロセスの最後に膨大な数の単語がアラインメントから外れてしまうことだ。両方向で制約を課しているため、一方向で定まっていたアラインメントの多くが却下されてしまうからである。そこ

The poor don't have any money.

Les pauvres sont démunis.

図 17　IBM モデルでは得られないアラインメントの例。"don't have any money" という単語列が、フランス語の "sont démunis" に対応している、m 対 n 対応の例である。この場合、$m = 4$、$n = 2$ で、英語の 4 単語がフランス語 2 単語に対応している（ここでは、don't を 1 単語と見なしている）。

で、どうしても生じてしまう通用範囲の問題への対処として、近接する単語にまでアラインメントを広げるさまざまなヒューリスティックが用いられている。両方向アラインメント、つまり「対称形アラインメント」が「確度の拠り所」（第7章を参照）になるのである。

この手法が、もともとのIBMモデルの結果を改善することは確かめられたが、このモデルで通用範囲を広げるには大量のデータが必要であり、状況によっては現実的ではない。

◆セグメントベース機械翻訳の一般化

両方向のアラインメントで、"don't have any money" ⇔ "sont démunis"（英語の4単語がフランス語の2単語に当たる）のような m 対 n の翻訳上の等価を識別できることは分かった。実際、この手法を一般化すれば、翻訳の問題はひとつひとつの独立した単語のレベルだけではなく、単語列のレベルにおけるアラインメントと見なせるようになる。めざすべきは、句のレベル（複数単語のまとまり）で翻訳することで、そうすれば文脈も考慮しやすくなり、単純に逐語的な等価より良好な翻訳が得られるはずである。

1990年代の後半から、いくつかの研究グループがこの問題に取り組んでおり、各種の手法が試されている。そのひとつが、アラインメントを体系的に対称化し（前項を参照）、考えられる m 対 n のアラインメントをすべて特定しようとする手法である。ほかには、たとえば統語的な句を記述した規則を通じて、言語的に密着した単語列をテキストで直接識別しようとする試みもあった。これは、翻訳プロセスに軽い統語解析を導入しようとする最初の試みととらえることもできるだろう。あるいは、用例ベースのパラダイム（第8章を参照）から手法を借用したものまであった。語形からではなくタグからアラインすることで、アラインメントのプロセスをさらにロバストに（条件の変化に強く）、高精度にしようという発想である。たとえば、次の2つの文は、単語が異なるためコンピューターにとってはまったく違って見えるかもしれない。

"In September 2008, the crisis …"

"In October 2009, the crisis … ."

だが、日付の表現を認識できるシステムであれば、どちらの文にも "In〈月〉〈西暦〉, the crisis" という構造があることを認識して、正しくアラインできる。この手法で、アラインメントの質は大きく向上する可能性がある。

　こうしたモデルで得られる結果では、IBM のもっと複雑なモデル、とりわけ IBM モデル 4 と比べても明らかに改善が見られる。だが、その結果がトレーニングデータに大きく依存することは変わらない。データが多ければ多いほど、モデルの精度は上がるのである。しかも、セグメントモデルのほうが、単語アラインメントのみを利用するモデルより多くのトレーニングデータを必要とする。そして、もうひとつ指摘しておかなければならないのは、「セグメント」の概念が、常に「句」の概念に一致するとは限らないということだ。センテンスベースで得られた結果を詳しく見ると、大規模な対訳コーパスからのトレーニングで得られるセグメントは、断片的な単語群に対応していることが多い（"table of"、"table based on" など）。一方、言語的に密着した句（"the table"、"on the table"）に解析を限定すると、結果は大きく異なるのである。言い換えると、統語的に完全な単語群に対応する、言語的に密着した単語列だけに絞ると、その結果は、統語論を考慮していない純粋に機械的な手法にさえ劣るということだ。

　セグメントベース翻訳で最も難しいのは、ばらばらにできあがった部分的な翻訳から適切な文を生成する段階である。図 **18** に、断片的な翻訳を選択した後の典型的な状態を示す。短い文で、考慮しなければならないセグメントも限られているごく単純な図式である。実際のシステムでは、断片のすべてに確率のスコアが付けられる。

　単純化されているとはいえ、意味のある翻訳にたどり着くためには断片の入念な選択が必要なことは図 18 を見ても明らかである。ターゲット言語で最も確率の高い並び方を見つけるには、ターゲット言語の言語モデルが役に立つ。言語的に正しい並び方を、正しくない並び方から区別しよう

図18 セグメントベースの翻訳。個々の単語、またはもう少し長い単語列に応じて、いろいろなセグメントが見つかっている。次に、部分的な翻訳から最も確率の高い翻訳を探さなくてはならない。"les pauvres sont démunis" より "les pauvres n'ont pas d'argent" のほうが好まれるかもしれないが、前者でも許容されるだろう。機械翻訳システムがめざすのは、直訳的な翻訳であって、文学的な翻訳ではないからである。

とする（この段階では、ソース言語を離れて）からである。

　こうしたモデルが、単語だけに基づいていた IBM モデルよりはるかに複雑になることは、想像に難くない。したがって、処理時間ももとのモデルより大幅に長くなる。その点は、コンピューターの計算処理能力が向上していることで、ある程度は解消される。言語学的な観点から注意が必要なのは、このモデルが不連続の句には対応できないことである。つまり、ソース言語の１単語が、ターゲット言語で連続しない２単語に対応する場合で、フランス語やドイツ語では大きな障害になる。たとえば、英語の "I bought the car" がドイツ語で "Ich habe das Auto gekauft" となり、"I don't want" は、フランス語で "Je ne veux pas" となるからだ[†]。

それでも、ここまでに説明してきた最近の発展は、確かに IBM モデルを前進させ、機械翻訳の分野で今なお最新技術と見なされているものである。

統計的なモデルに言語情報を導入する

統計的な翻訳モデルは、言語的な特性に適応するために複雑になっていったが、それでもまだ問題がすべて解決されているわけではない。実際、対訳コーパス、特に大規模なコーパスは、希少または難解な言語現象を十分に網羅できるほど十分に整備されていないことが多い。その解決法のひとつが、単語（統語論）とその内容（意味論）の関係を適切に表すために、機械翻訳システムに言語的特性の情報を取り込もうとする手法である。

◆統語論を取り入れたアラインメントモデル

これまでに説明してきた統計的なモデルはすべて、直接翻訳方式である。ソース言語とターゲット言語の間で単語レベルの等価を検索し、場合によっては、単語列（必ずしも言語的に密着しているとは限らない）を考慮する。前述したように、純粋に統計的な基準で特定された断片を考慮する手法のほうが、言語学的な根拠のある句（名詞句、動詞句など）を保持する手法より効率的である。

それでも、機械翻訳のプロセスに統語論を取り入れようとする試みはいくつか続けられてきた。これは、構文解析器（パーサーとも言う）を導入することで実現できる。構文解析器とは、解析する文の統語構造を自動的に識別するツールである。ヴォクワのトライアングル（第3章の図2）でも説明したように、単語どうしの関係を考慮できるのが統語論である。たとえば、1文の中で離れている単語どうしに関係があっても、それを完全に統計的なモデルで見つけるのは難しい。構文解析器は理論上、表面的に

[†]訳注：habe gekauft は "kaufen 買う" の直説法現在完了。veux の否定形が ne veux pas。

隣接していない単語であっても、その関係を勘案することができる。ヴォクワの言葉で言えば、統語論では逐語的な翻訳ではなく等価な統語構造間のトランスファー規則を扱うということになる。

　理論的に言っても、このような手法のほうが、一部の言語で一般的な不連続形態素の解析には適している。たとえば、先ほどの例であげたドイツ語 "Ich habe das Auto gekauft" の場合、構文解析器は "habe gekauft" を、離れていても1つのまとまりとして判別しなければならない。統語論では、前置詞とそれに続く名詞句のつながりや、動詞とその項（主語、目的語など）のように離れて置かれることが多いもののつながりを表すこともできる。

　前述したように、この手法には対象各言語の構文解析器（自動的に統語解析を行う機能）が必要になる。だが、構文解析器は複雑なうえ完璧からはほど遠く、その精度も対象の言語によって大きく異なる。したがって、そのような機能を機械翻訳に適用しようとすると、操作が複雑になってしまうのである。

　構文解析器を機械翻訳に取り入れる基本的なアプローチのひとつが、原文の構造を解析して統語木を生成し、統合木の各レベルについて、ターゲット言語で等価の構造を決定する手法である。だが、言うまでもなく、異なる言語間で等価の構造を見いだすというのは気の遠くなるような作業で、その大半は「解なし」で終わってしまう。つまり、翻訳しようとする原文では、トレーニングデータつまりアライン済みの対訳コーパスにそれまで存在していなかった構造がたくさん出現するということだ。そのため、統語論的には正しく全文を解析できない場合でも翻訳が可能なプロセスを想定することが必要になってくる。いくつも試みられた手法のひとつが、用例ベースから継承された「一般化技法」で、文または文の一部を適切に解析できない場合に、類似の構造を見つけようとする方法である。

　言語ペアによっては、構文解析器がソースとターゲットの一方の言語だけに存在し、もう一方には存在しないというケースもある。その場合に、翻訳プロセスの一方だけに構文解析器を導入する試みもあったが、結果は

玉石混淆である。

　総合的に、翻訳プロセスに統語論を取り入れるという考え方が有望なことは確かだ。だが、このアプローチは今のところまだ揺籃期を出ておらず、セグメントベースの直接翻訳方式を用いた単純なモデル以上の成果はあがっていない。最大の理由は、何といっても、構文解析器の性能に差がありすぎることである。しかも、そこでエラーが生じれば、翻訳プロセス全体に浸透してしまう。そして、「解なし」の問題（構文解析器で妥当な解析が得られない統語構造、あるいはターゲット言語に直接の等価がない統語構造があるといった問題）が、そうした性能の限界の大きな要因になっている。ある意味、これは理にかなっているとも言えるだろう。言葉が違えば表し方が違うのは当たり前で、直接等価の構造がターゲット言語に見つからないのは、何も驚くことではない。それが、構文解析器を翻訳プロセスに組み入れようとするときに大きな障害になるのは当然なのである。

　こう見てくると、統語論が特に有効そうなのは、特殊な文脈の場合あるいは特定の言語に限った場合と言えるだろう。たとえば、動詞が2つの要素に分離するドイツ語のような場合である。この手法の大きな利点は、局所的に限定された統語解析を実行して、言語ごとに固有の問題を解決できることにある。こうした事情から、統語論は従来のシステムを向上させる本格的な手段ではあるものの、実際に導入するのは難しい道とも言えるのである。

◆ 意味論を取れ入れたアラインメントモデル

　一方、意味解析が今もなお機械翻訳に欠かせない側面であることは明らかである。これまでの機械翻訳システムは、その主要なデータソースとして大規模な対訳コーパスを用いている。そして、そこに言語情報を取り込んでも、今のところどのシステムでもほとんど有利になっていないことは、ここまでに見てきたとおりである。だが、それでもなお、現在の限界を乗り越えるためには、短期的も中期的にも意味情報を取り込んでいく必要があると、ほとんどの研究者が考えている。

実際、意味論的なリソースは代表的なシステムですでに使われている。たとえば Google 翻訳は、プリンストン大学が英語用に開発した大規模な辞書データベースである WordNet を利用しており、対象の言語によっては他の意味論的リソースも使っている。曖昧な要素の曖昧性を除去するときに有効な場合があるからだ。たとえば、"the tank was full of water" という文を訳そうとする場合、"tank" が "a container that receives something 何かを入れる容器" なのか "a military vehicle 軍用車両の一種" なのかを判別しなければならない。WordNet には、"bucket バケツ" を含めて、「容器」を表す "tank" の同義語が大量に収録されている。"the bucket was full of water バケツは水でいっぱいだった" という文は成り立つのに対して、"the armoured vehicle was full of water 軍用車両は水でいっぱいだった" は成り立つとは言いがたい。ここから、"tank" は容器（正確には、"reservoir 貯蔵容器"）を表すと判断できるわけである。

　大規模な同義語データベースを導入すると、一部の単語（基本的には名詞と動詞）を意味論的なクラスに分類でき、抽象度の高い表現が可能になる。そこから、表面的な相違を超えて同一の構造を特定できるのである。意味解析は、固有表現（固有名詞、日付など）のような特定の単語列の識別にも適用でき、やはり汎用的・抽象的な表現に利用できる。これは、用例ベースの翻訳（第 8 章を参照）に見られる手法ときわめて近い。

　さらに深く意味解析を進めれば、翻訳しようとする文の意味上の構造を表現できる。これは特に、動詞とその項、そして文における役割（主語、目的語、さらには動作主、被動者、時間項など）にも当てはまる。

　ヴォクワのトライアングル（第 3 章を参照）では、これが頂点に当たる。自然言語処理では、現在もこの問題を中心に扱っている研究グループも多いが、性能が低すぎるためそのままではどんなテキストにも適用できず、機械翻訳についてもそれは同様のはずである。今後も、これは引き続き研究課題となるだろうが、問題の難しさを考えれば、意味解析を取り入れた効率的なシステムが登場するには、まだしばらく年月がかかることは間違いないだろう。

第 11 章

統計的機械翻訳の課題と限界

Challenges and Limitations of Statistical Machine Translation

◆ ◆ ◆

　機械翻訳の歴史的な概要をたどるとき、統計的機械翻訳システムの限界については一考する価値があるだろう。根本的な問いのひとつは、手法そのものについての疑問である。大規模な対訳コーパスから抽出した単語列を並べるだけで、はたして本当に翻訳は可能なのか。そして、その手法でどの程度の質が得られるのか。この点には、本章の最後で立ち返ることにしよう。

　その前にまず、この手法について 2 つの点を取り上げておきたい。文アラインメントは、原文の言語と訳文の言語の間に一定の近親性があると精度が高くなることは明白で、それが機械翻訳に期待できる性能に大きく影響する。つまり、系統的に遠い言語に適用した場合、統計的手法はいったいどこまで通用するのか、あるいは中国語やアラビア語から英語への翻訳は後れをとる宿命なのか、といったことである。そして、統計的機械翻訳は大規模なトレーニング用コーパスを利用できることが前提になっている以上、インターネット上で頻繁に使われる言語というきわめて限定された範囲から外れた場合に問題が生じることになる。

言語の多様性という問題

◆英語から遠い言語

　これまでに見てきたように、現在の機械翻訳システムは、大半が統計的手法を用いている。単語レベルやセグメントレベルで翻訳上の等価を見つけるときには、近縁の言語どうしのほうが、言語的な構造が近いため有利である。これは、各種のシステムの性能に如実に表れる（第13章を参照）。フランス語やドイツ語と英語との翻訳のほうが、アラビア語と日本語、中国語と英語などより容易なのだ。また、近縁の言語どうしの翻訳であっても大きな差が出ることはある。たとえばドイツ語から英語に翻訳するほうが、英語からドイツ語に翻訳するより精度は高くなる。ドイツ語の複合語（複数の基本語を1語に組み合わせた単語）が自動処理では依然として問題になるからである。ドイツ語の既存の複合語を自動的に分解する方法については比較的よく分かっているので、英語に翻訳するときにはそれほど問題にならない。だが、自動システムがドイツ語で複合語を生成するとなると難易度が上がり、ドイツ語の翻訳としてはお粗末な結果になってしまうのである。

　日本語への翻訳、また最近では中国語やアラビア語への翻訳についても、さまざまな研究が重ねられている。フランス語やスペイン語などインドヨーロッパ言語の場合と比べると性能はまだ低いが、これは構造が英語と大きく違うためである。このような言語については、統計的なコンポーネントを組み込んだハイブリッドシステムの開発に加えて、言語の特殊性を計算に入れた高度な言語モジュールが、今後の発展を支える主軸になる可能性が高い。たとえば、形態論的に複雑な言語（基本形から、何種類もの表層形式が作られる言語）の場合はすでにそうなっている。形態論上の問題に対処する言語固有のモジュールが、こうした状況で自然言語処理の全体的な性能を引き上げる大きな役割を果たしているのである。

◆ 希少言語の場合と、ピボット言語の再登場

　統計的機械翻訳のシステムが十分に機能するには、必ず大量の対訳テキストが必要になる。数百万、数千万以上の文がアラインされているコーパスも、今では珍しくない。マーサーが言ったとおり、「より多くのデータにまさるデータはない」のである（第 7 章を参照）。

　したがって、インターネット上で広く使われている優勢な言語でもない限り、特にソースとターゲットの両方とも英語でない場合には、システムの性能が極端に下がってしまう。そのような言語になると、インターネット上で利用できるデータの量が足りず、満足な性能が得られないのである。対訳データの不足を補うテクニックもいくつか試みられている。たとえば、単一言語の大規模なコーパスから情報を取得するという方法もあるのだが、やはり翻訳には十分ではない。

　よくあるのが、トレーニングデータをある程度まで補うために、英語をピボット言語として利用する翻訳システムを設計する方法である。2 つの言語間に十分な対訳データがない場合、たとえばギリシャ語とフィンランド語の間であれば、まずギリシャ語から英語に翻訳し、しかるのちに英語からフィンランドに翻訳するという手順を踏む。このアプローチは単純で、状況によってはそれなりの結果が得られる。だが、本質的な問題の解決にはなっていない。英語への翻訳も英語からの翻訳も質が高いとは言えないうえ、1 ステップではなく 2 ステップの翻訳を経ることで、エラーの確率も倍加してしまう。翻訳を何度か繰り返す際の問題はよく知られており、同じ 2 言語間でさえ見られることなのである（たとえば英語からフランス語へ翻訳し、そのフランス語から英語に逆翻訳する場合など）。この原型とも言える例はおそらく、聖書にある "The spirit is willing, but the flesh is weak 心は熱していても、肉体が弱い"（マタイ伝、26 章 41 節）という有名な一節だろう。この英語をロシア語に翻訳し、さらに英語に逆翻訳したところ、"The whiskey is strong, but the meat is rotten ウィスキーは強いが、肉は腐っている" になったという逸話が伝わっている。実際には典拠が怪しく、事実に基づく例とは言えないのだが[1]、この作り話が今でも

語り継がれているのは、ただ笑えるからだけではない。翻訳を何度も繰り返すと、だんだん原文から離れていき、最後には意味を成さない翻訳ができあがってしまうという事実をうまく表しているからなのだ。

　ピボット方式のこうした問題点は周知の事実である。にもかかわらず、Google 翻訳で英語をピボット言語として使う傾向が強くなりつつあることは、たびたび批判されているとおりだ。ピボット方式は、珍妙な結果を出力することが少なくない。フレデリック・カプランが、Google 翻訳に関するブログ記事[2]で指摘しているとおり、"Il pleut des cordes 激しく雨が降っている"というフランス語は、"Piove cani e gatti 猫と犬に雨が降る"というイタリア語に翻訳されてしまう。同じように、"Cette fille est jolie この少女はかわいい"というフランス語は、どういうわけか "Questa ragazza è abbastanza"というイタリア語（英語にすると "this girl is quite この少女はとても"）と翻訳される。ここまで大きなエラーが起きるのは、ピボット言語として英語を利用しているからなのである。フランス語の "Il pleut des cordes"という表現を、Google 翻訳は慣用句であって逐語的に訳してはいけないと認識する。そこで、この文脈では "It rains cats and dogs 土砂降りだ"という英文を適切な翻訳として選択する。ところが、そこからイタリア語では等価の表現が見つからず、逐語的な翻訳を実行して終わってしまうのだ。詩的ではあるが、もちろん正確ではない。もうひとつの例の "joli"については、等価の形容詞として "pretty"は見つかったものの、英語における "pretty"の形容詞と副詞をどこかで混同した結果、"nice 良い"や "beautiful 美しい"に近い "pretty"ではなく、"quite とても"の意の "abbastanza"に翻訳されてしまったということである。

　ただし、こうした事例もたちまち妥当な例とは言えなくなる。Google がたえずシステムを更新しているからである。カプランのブログ記事は、2014 年 11 月 15 日の投稿だったが、早くも同年 12 月 1 日に、"Il pleut des cordes"は "Piove a dirotto 激しく雨が降っている"という正しいイタリア語に翻訳されるようになった[†]。Google が、フランス語の "il pleut

---

[†]訳注：現在の Google 翻訳ではさらに違う結果が出るようになっている。

des cordes" や英語の "it rains cats and dogs" といった慣用句の翻訳を改善することに力を入れているのは間違いない。英語の句のように、文字どおり空から犬や猫が降ってくるはずはなく、まとまりとして特別に処理しているのである。これは、現在のシステムで大きく強化されている点だが、どの言語でも慣用句は膨大な数にのぼるため、壮大な作業になってしまう。

　このように、ピボット言語として英語を使うといろいろな影響が生じてくるのは明らかだ。世界語としての英語の優位を補強し、文化的覇権を強めることにもなる。そのうえ、言語的多様性を推進するという公式の発言とはうらはらに、Google の研究は明らかに、支配的な言語（インターネットで優勢な少数の言語）に向けられている。Google 翻訳は、公式には 100以上の言語間で翻訳できると謳っているものの、実際には翻訳結果の偏りが大きく、言語によってはほとんど使い物にならない場合もある。

　そして、統計的機械翻訳が 1990 年代以降に進歩をとげたのは、利用できるデータが急速に増えただけでなく、コンピューターの処理能力が向上したという理由も大きい。ディープラーニング（深層学習）の手法で使われているアルゴリズムの一部は、ある程度、1980 年代にすでに提唱されていた。だが、当時のコンピューターの限界から、研究者はその理論を実用化できなかったのである。時代が変わった今、最も効率的なシステムを開発しているのが膨大な計算能力を備えた企業であるのは、当然と言えよう。

新しい言語に対応する機械翻訳システムを、いかに短時間で開発するか

　統計的機械翻訳が優勢な現状ではあるが、ルールベース翻訳のシステムも途絶えたわけではない。あわせて言うと、これまでのシステムの大半は、今では「ハイブリッド」と呼べるようなシステムになってきた。記号的なアプローチ（広い語彙をカバーする辞書、言語間のトランスファー規則）の利点と、最近の統計的手法の利点を組み合わせようとするからである。だが、データが少ない希少言語で統計的なシステムを実現する場合は、依然とし

てルールベースのシステムが標準になっている。

◆ハイブリッド機械翻訳システム

　統計的機械翻訳の成功を受けて、辞書とトランスファー規則に拠っていたそれまでのシステムも、大半がその手法に統計情報を取り入れ始めた。顕著な例がSystranで、2000年代のはじめにはルールベースの手法を推進していたが、その後、言語情報と統計に基づいてハイブリッドの手法を開発するようになった。なかでも、生成された翻訳の流暢さを言語モデルで制御することには明らかな利点がある。Systranも当初、統計を利用して出力を修正し、流暢さを引き上げていた。

　実際、他の部分で記号的な情報を取り扱っているシステムに、統計情報は無数の形で取り入れることができる。たとえば、医療、法律、ITなどの分野に応じてシステム（翻訳に使用される辞書とルール）を動的に変えるモジュールを設計することも可能である。単語レベルで正しい翻訳を選ぶときにも統計的手法は有効な機能を果たす。軍事分野に関連する文章が検出された場合には、"tank"が容器ではなく軍用車両の意味だと優先的に解釈するといった具合である。この例については、第10章を参照のこと。

　全体としての狙いはもちろん、長年の研究開発で得られた成果も含めて豊富に存在する過去のリソースと、統計的手法とを組み合わせることにあり、今日では商用システムのほとんどがハイブリッドになっている。Googleでさえ、システムに取り入れる意味論的リソースを増やし、真のハイブリッド化を進めつつある。

◆命脈を保つルールベース機械翻訳

　一方、統計をほぼ、あるいはまったく使わずルールと対訳辞書だけに基づく従来のシステムが存続していることも指摘しておかなくてはならない。利用できる対訳コーパスの量に限りがある場合、統計的手法は視野に入ってこないのである。

　ルールベース機械翻訳の開発には、独自のシステムが存在する。

Apertium（www.apertium.org）もそのひとつで、もともとは、必要とされるトランスファー規則が少なく関連性の高い言語どうしを想定したシステムだった。たとえば、2つの方言どうしとか、主に語彙が違うだけで構文の違いが小さい近縁の言語どうしの場合である。だが、やがてApertiumは、インターネット上にあまり出現しない言語にも有効なことが判明する。それ以降は、バスク語、ブルトン語、北部サーミ語（スカンジナビア半島北部で使われている言語）といった希少言語の処理に特化するようになった。およそ30の希少言語についてデータを利用できるが、翻訳が可能なのはそのうち40言語ペアだけで、ほとんどは一方向のみである。実装されている言語ペアの大半は対訳辞書と並べ替え規則に基づいており、精度は対象言語によって異なる。このプロジェクトが目標とすることのひとつは、希少言語を語り伝え、ほかでは翻訳されない文章を利用してもらうことである。希少言語に対する関心を促すことも目標になっている。

◆ 現在の課題：新しい言語ペアの翻訳システムを短時間で開発する

　機械翻訳の分野における目下の課題についても、ここで触れておく必要があるだろう。これまで対象になっていなかった言語について、翻訳システムを短時間で開発する方法についてである。これは、主に防衛と諜報の世界で重要になっている。地政学上のリスクから、監視と諜報活動の必要性が急激に変化しているためである（主に機械翻訳の市場を取り上げている第14章を参照）。

　技術的な観点から課題となるのは、対象言語の対訳コーパスをいかに短期間で収集するかということである。コーパスの自動収集は、今日ではよく知られた技法だが（第7章を参照）、実際には、収集されるデータの量が不十分で、実用的な機械翻訳システムを開発できないことも多い。ほとんどの場合、ターゲット言語が英語から遠いため、近縁の言語ペアの場合ほど良い結果が得られないのである。

　そうした状況では、統計的な手法が有力なアプローチにならない。必要な作業は、ほとんどの場合、大規模な対訳辞書を手作業で開発することに

なる。単言語コーパスを収集して処理し、ターゲット言語で大規模な単語のリストを自動的に生成する作業である。次に、自動プロセスを使って、あるいは言語学者のチームが単語の翻訳を指定して、ごく基本的な翻訳システムを構築する。このようなシステムを作る速度は、プロジェクトに雇用できる言語学者の数にほぼ比例するが、この種の需要は機械翻訳ビジネスで大きな割合を占めている。

統計が多すぎる？

　機械翻訳の現状は、この分野についての根本的な疑問をいくつも投げかけている。翻訳に意味論は必要なのか、それとも統計だけで満足できるのか。現在のシステム、つまり統計ベースのシステムは意味論を完全に排除していると言えるのか。そして、今日使われている手法は、大幅に発展する余地があるのか、それとも越えがたい限界が来て近い将来の発展が阻まれるのか。

◆統計ベース機械翻訳の主な限界

　このような疑問を、機械翻訳の専門家たちはくまなく議論してきた。現在のシステムは高度に発達した機械学習の手法に依存しており、言語学者は蚊帳の外に置かれた状態である。第14章で論じるように、商業的な理由が大きく、開発者は効率的な解法を短期間で見つけるというプレッシャーにさらされている。そのうえ、システム開発の進捗は評価会議で毎年評価される。競争は激しく、現在の状況について熟考する時間もほとんどないのである。

　第一に、1990年代以降、機械翻訳の分野では否定しようのない確かな発展が見られたことを思い起こすべきだろう。統計的手法によって、頻繁に見られる重要な現象の多くを確実に処理できるようになっている（単語レベルで最適な翻訳を探究する、局所的な曖昧性に対処する、相反するように見える各種の言語的制約の相対的な寄与率を探る、など）。こうした現象はルー

ルベースの手法では十分に解くことができなかったのである。だが、統計的手法は一定の成功を収めたとはいえ、その支持者のなかからでさえ最近の進捗については疑問が呈されている[3]。局所的な現象は、現在の統計的手法でもそれなりに解決できるが、それ以上に複雑な現象も考慮しなければならないのである。

　頻繁に見られる言語現象（一致、等位、代名詞の照応）の多くは、実際さらに複雑な解析を必要とし、統計的機械翻訳ではほとんど、またはまったく対処されていない（もちろん、局所的な文脈に注目するルールベースの機械翻訳システムでも、その点は変わらない）。最新の技術でさえ、そうした複雑な問題を扱うには限界があるのである。統語解析は困難だが、意味論はさらに難しく、この問題に正しく対処できるまでの道のりは依然として遠い。

◆ 統計と意味論の両立

　機械翻訳の最近のアプローチに関して一考に値する疑問が、この分野における統計の今の位置づけである。統計は意味論と対立するものというのが通説になっている。一方は計算であり、他方は単語や文の意味を表すものだからである。だが、この対比は粗雑にすぎる。これまでの章で見てきたように、統計を用いると、文脈に即して単語のさまざまな意味を正確に類型化することができる。また単語や句のレベルで翻訳上の等価を見つける際にも統計は効率的だからある。

　そうなると、次の疑問が生じてくる。そもそも、単語の意味とは何なのか、意味はどのようにして表せるのかということである。たしかに、単語の意味を厳密に定義することはきわめて難しい。何年もかけて辞書を作っている辞書編纂者の仕事ということになるが、編纂者が列挙する語義は主観的になりがちで、ときには文脈における言葉の使い方に対応していないことがあるのはよく知られている。そのうえ、定義は辞書によって異なり、抽象的な概念や機能語では特にその差が大きくなっている。

　このような状況を考えると、正確な定義を見いだすのは難しいとしても、ある言語の話者であれば単語の同義語をあげたり、文脈ごとに言葉の用例

を示したりするのは容易ではないか、という発想が出てくる。事実、単語のいろいろな意味は、使われる文脈に応じて異なる。そうなると、「文脈」という概念を定義し、特性を明らかにすることが課題になってくる。言い換えれば、大規模なコーパスの中でその用法を調べるだけで単語のさまざまな意味を判断するにはどうすればいいのか、用法のパターンはどうやって特定すればいいのか、という問題である。辞書の執筆に当たる辞書編纂者は、多様な手段と基準を用いて言葉の意味を定義するのが普通で、網羅性、規則性、一貫性を確保しようと努める。統計はこのプロセスを自動化し、そこでは違いこそあれ常に興味深い結果が得られる。

　言葉の意味を考えるときには、多言語コーパスが直接的でごく自然なモデルになる。不明瞭あるいは曖昧な単語ほど、ターゲット言語でいろいろと違う言葉に合致し、逆に安定した固定的な言葉（たとえば、フランス語の "cryptographie 暗号学"）ほど、限りなく曖昧性が減って、対応する言葉が限られてくる（英語の "cryptography"）からである。同じ理由で、複単語表現（フランス語の "pomme de terre"）がターゲット言語では 1 単語（英語の "potato"）に対応するという事実も、このアプローチで確認できる。慣用句についても同様である。英語の "kick the bucket" とフランス語の "passer l'arme à gauche" はどちらも「死ぬ」の意で、統計的手法は単純あるいは粗雑すぎるかもしれないが、"kick the bucket" に対して "frapper le seau バケツをたたく"、あるいは "passer l'arme à gauche" に対して "pass the weapon to the left 武器を左に渡す" などと出力されることは、まずない。もちろん、システムが正しくトレーニングされていればという条件付きであり、慣用句が適切に認識されない場合にこうした問題が起きうることは、前章で示したとおりである。以上の例から分かるように、統計解析を行えば、あらかじめ決まった言語理論がなくても、多義性、成句、慣用句の直接のモデル化が可能になるのである。

　統計解析で得られるタイプの表現は、形式からのアプローチで得られる結果より適切で、認知科学的に見ても妥当だという主張すらできる。曖昧性とか多義性という概念（あるいは、意味という概念）は、用法に密接に結

び付いており、絶対的な概念ではない。そう考えると、統計解析が単語の
さまざまな意味や、その出現文脈などの判断に利用できるのは当然とも言
える。ルートヴィヒ・ヴィトゲンシュタインやジョン・ルパート・ファー
スをはじめとして、この考え方を擁護している言語学者や哲学者も多く、
ファースは "You shall know a word by the company it keeps" という言
葉を残している。「単語の意味は、使われている文脈で分かる」という主
旨で、最近の自然言語処理の世界で繰り返し引用されている有名なフレー
ズである。現在のアプローチは、ヴィトゲンシュタインともファースとも
無関係だが、テキストに忠実という立場であることは間違いない。また、
人工的な表現モードの探究、普遍言語の概念、文を論理形式に変換すると
いう目標など、意味論の「形而上的な」部分はふたりともいっさい排除し
ている。現在のアプローチが、意味をめぐる新しい理論の礎になる可能性
があるかもしれない。

　最後に、本章の冒頭に掲げた疑問に立ち返ることにしよう。統計的機械
翻訳を使った表現は、大部分が局所にとどまっており、意味論に関係する
基本的な問題の多くには対処できない。語彙意味論（単語の意味）は、今
日わりと形式化が進んでいるが、命題意味論（文の意味と、その相互関係）
となると達成は大部分がまだ困難で、文字どおり人跡未踏である。それを
めざしているのが、深層学習（ディープラーニング）あるいはニューラル
機械翻訳として知られる新しい手法であり、次章ではこれを取り上げる。

第 12 章

ディープラーニングによる機械翻訳

Deep Learning Machine Translation

◆ ◆ ◆

　この数年、「ディープラーニング（深層学習）」あるいは「階層的学習」
と呼ばれる新しい種類の統計的学習が、ニューラルネットワークに続いて
出現している。ニューラルネットワークはもともと、生物の脳にヒントを
得たものである。ニューロンが基本的な情報を伝達して処理すると、脳は
そこから複雑な概念や考え方を構築する。人工ニューラルネットワークも、
脳と同じように個々の情報から複雑な概念を階層として構築できることに
なっている。だが、グッドフェロー他（Goodfellow et al. 2016、原書 13 ペー
ジ）はこう記している。「『深層学習』という現代用語は、現在の機械学習
モデルに関する神経科学的な観点を超えたものである。多層の構造を学習
するという一般的な原理に訴えるもので、それを応用できる機械学習のフ
レームワークは、神経科学に触発されたものとは限らない」。
　この手法は、報道でも大きく取り上げられた。特に話題になったのは、
2016 年 3 月、Google の子会社 DeepMind 社がディープラーニングをも
とに開発したシステム「AlphaGo」が、囲碁で世界王者を破ったときの
ことだった。囲碁のように複雑なしくみでは、いわゆる組み合わせ爆発（組
み合わせの数が急速に増加すること）が発生し、起こりうる組み合わせすべ
てを体系的に試行することが不可能になるので、ディープラーニングの手
法が特に有効なのである。

人間の言語は、いささか事情が違う。文または文章の全体的な意味は、曖昧な単語に基づいており、語義の間にも単語どうしの関係にも明瞭な境界線がない。しかも、異なる言語間になると語義は直接的に対応せず、同じ概念が文脈によって、あるいは対象の言語によって1単語で表されることも複数単語で表されることもある。だからこそ、機械翻訳の自動システムに必要なすべての情報を人の手で指定することはできないのである。また同時に、翻訳という仕事の難度がきわめて高く、いまだに計算処理の負荷が高いのも同じ理由による。そうした状況のなか、人間言語の処理に伴う課題に特に適していると思われる有力なアプローチとして、ディープラーニングが注目されているのである。

機械翻訳に用いられるディープラーニングの概要

　ディープラーニングが最初に成果をあげたのは、画像認識の分野だった。あらかじめ決められた一群の特性を使うかわりに、ディープラーニングでは、大規模なサンプルのセット（たとえば、数10万枚の顔の画像）を用意し、特に関連性の高い特性を抽出していく。これを機械学習では「特徴量」と呼ぶ。学習は「階層的」な性質をもつ。基本的な要素（画像の場合はピクセル、言語の場合は文字または単語）から始まり、もっと複雑な構造（画像の場合は線分や直線、言語の場合は単語列や句）を識別して、最終的に対象（画像なら輪郭、言語なら文）の全体的な解析に至るからである。このプロセスは人間の知覚にたとえられることが多い。脳は、一方で単純な要素を一群として超高速で分析し、大まかなレベルで特性を識別する。その一方で、目立つ特徴量から複雑な輪郭を認識し、さらには部分的な情報から複雑な表現を補間さえする（基本的には、ネッカーの立方体について、脳が二次元の図から三次元の表現を類推するのと同じことである。第2章の図1を参照）。

　機械翻訳の場合には、ディープラーニングを利用して、人が指定する要素が少なくて済むシステムを構想できる。システム自体に、データから最適な表現を類推させようというわけである。ある意味、これは純粋な統計

モデルがめざした目的でもあったが、すでに見てきたように、実際には人の手で調整しなければならないパラメータがあまりにも多かった。たとえば、1990年代はじめにIBMが提唱した機械翻訳の5つのモデルは、いずれも前のモデルにあった何らかの欠陥を補うために、人の手で定義した表現を導入するものだった。それに対して、ディープラーニングは完全に自律的、段階的にデータを利用するため、前段で人の手が不要になるのである。

　ディープラーニングのみに基づく翻訳システム（「ディープラーニング機械翻訳」または「ニューラル機械翻訳」と呼ぶ）は、トレーニングデータを解析する「エンコーダー」と、エンコーダーで解析されたデータをもとに文から自動的に翻訳を生成する「デコーダー」で構成される。従来の統計的手法でも登場していた用語である（第9章）。ただし、従来の統計的手法の場合、モジュールの組み合わせ（エンコーダーでは通例、言語モデルと翻訳モデル）を使用してそれぞれの最適化手法を実現していたのに対して、ここで言う「エンコーダー」と「デコーダー」は、どちらもニューラルネットワークの観点で用いられている。ニューラルネットワークの場合、個々の単語を数値のベクトルとしてエンコードしてから[†]、すべての単語ベクトルを段階的に組み合わせて、全体の文として表現するのである。

　見方を変えると、ディープラーニング機械翻訳は、従来の統計的機械翻訳よりも伝統的な設計思想を採用しているとも言える。エンコーダーはソース言語の解析器と見なすことができ、デコーダーがターゲット言語で翻訳を生成するからである（第3章の図2、ヴォクワのトライアングルを参照）。

　ディープラーニングでは、さまざまな情報を同時に管理するので、判定の信頼性が向上する。階層型と呼ばれるモデルだが、階層型というよりむしろ多次元であり、各要素（単語、句）は次第に多くの情報を含む文脈に置かれていくことになる。「単語の意味は、使われている文脈で分かる」という有名な言葉（イギリスの言語学者ファース）のとおり、類似の文脈に

[†] 訳注：単語を数値列で表すこと。ベクトルの構成方法については中澤氏による「解説」（p.174）を参照。

出現する単語は類似の意味をもつ可能性がある、という仮説に基づいたアプローチである。そのうえで、類似した翻訳上の文脈に出現する単語を識別して「単語埋め込み」という処理によりグループ化する。こうすると、これまでに見てきたプロセスよりも汎用性が高くなり、ロバストになるのである。ある単語の出現率が低くても、類似の文脈に出現する他の単語が有用な翻訳を示すため、問題になりにくいということだ。さらには、ある単語がさまざまな意味をもつことさえ問題にならない。使われている文脈を反映して、異なる埋め込みをもつからである。

　ディープラーニング手法のもうひとつの特長は、「連続的」という点にある。統計的機械翻訳でも部分的にはその傾向があった。統計的機械翻訳では、2つの単語が、「多かれ少なかれ」類似していると見なされるからである（具体的には類似スコアが0から1のいずれかの値をとると考える）。この考え方は、たとえば従来のような同義語辞書の発想より認知科学的に妥当そうに見える。単語は、厳密に同義というわけではなく、「多かれ少なかれ」類似性が高い場合が多いからである。ディープラーニングの手法はこの考え方をさらに一般化して、単語だけでなく単語群や句、文といった大きな言語単位も連続空間で類似を検討する対象になると考える。そのため柔軟性が高くなり、表現は違うが同じことを意味している語句などまで識別できるようになる。

　また、文中で関連性の高い単語は、解析中に段階的に識別されてグループ化されるという点も指摘しておきたい。これこそ、ディープラーニング手法が階層的と言われるゆえんであり、トレーニング中にシステムに指定された何千という用例で確認される規則性に基づいて、文の内部構造（単語や単語群どうしの関係）を特定できるからである。ディープラーニングのシステムは、構文を直接はエンコードせず、該当する統語関係を自動的に識別できるようになっている。

　要するに、ディープラーニング機械翻訳では、個々のモジュールを用意して、問題をひとつずつ部分として考えるというアプローチをとらない。小さいセグメントとして分割することなく文を全体として直接扱い、しか

も文脈におけるあらゆる関係を同時に処理するのである。このときの関係は垂直（文中で同じ位置に立ちうる類似の単語）でも水平（文中で統語的に関連する単語群）でもいいので、柔軟性がきわめて高く、認知科学の観点からも注目に値する。だたし、それだけに、コンピューター処理上の課題も大きくなる。

実のところ、人工ニューラルネットワーク（「ディープラーニング、深層学習」と呼ばれるようになったのは、ごく最近である）はいくつかの世代を経ている。ニューラルネットワークが考案されたのは1950年代のことで、1980年代に再び注目を集めたが、当時のコンピューターはまだ、必要とされる表現（Goodfellow et al. 2016, p.13-28）の複雑さに対処できるだけの処理能力を備えていなかった。今日でさえ、ニューラルネットワークシステムのトレーニングには何日間もかかり、高速化のために特別なプロセッサーとプログラミング技術（GPUプログラミング）が用いられている。またこの手法は、実際にはここまでの説明よりはるかに複雑かつ抽象的である。たとえば、文脈は数値のベクトルとしてエンコードされ、その各数値が1つの特徴量（コーパスにおける規則性からニューラルネットワークによって検出された抽象的な特性）を表す。ベクトルの長さは既定の値に対応しており、最新の成果ではこの値を動的に調整したうえで、操作の複雑さに応じてある程度の情報をエンコードできるようになっている。

また、この手法は、特にそこで使われるニューラルネットワークのアーキテクチャ（ニューラルネットワークにおける層の数、用いるベクトルの長さなど）や、他のパラメータ（未知の単語の処理方法など）の定義に関しては、依然として経験則に依存していることも忘れてはならない。それらの選択は主として性能と効率に基づいており、理論的な根拠はほとんどないのである。そのことから、ニューラルシステムは理論的な基盤を欠いていると批判されることもある。

にもかかわらず、ディープラーニングが間違いなく大きな飛躍であり、画像認識、音声処理、最近では自然言語処理の分野で長足の進歩を実現していることは確かである。今日では、統語論など従来の原理にまで挑もう

とする研究者もいるほどで、それはディープラーニングを利用すればデータから構造を推論できるからにほかならない。つまり、ある文の最適な表現は、システム自体に決定させたほうがいいということになる[1]。ただし、これについてはまだ考察が必要である。おそらくは文のバリエーションがあまりにも膨大なため、文の構造全体が認識されないことも多く、その点が翻訳の誤りにつながりうる。それでも、ディープラーニングはこうした問題の解決に向けた可能性を切り開くものであり、だからこそこの手法は機械翻訳の研究者の間で大きな成功を収める可能性につながっているのである。

ディープラーニング機械翻訳に伴う現在の課題

　最近まで、ディープラーニングに基づく機械翻訳システムは、単純な文についてこそ良好な成績をあげていたものの、複雑な文となると従来型の統計的機械翻訳に後れをとっていた。その問題に取り組んでいたGoogleのチームによると、そこにはいくつの理由があったという。何よりもまず、機械翻訳のためにニューラルネットワークをトレーニングすることが、その複雑さゆえ依然として難しい。特に、自動調整が必要なパラメータの数が膨大で、効率の点でさまざまな難問が生じているのである。第二に、未知の単語（トレーニングデータに含まれていない単語）が、この手法ではまだ正確に処理されない。そして第三に、単語のまとまりが翻訳されないこともあり、想定外または不正確な翻訳になってしまうことがある。こうした制約から、しばらくの間、ニューラル機械翻訳は商用システムに展開して実績をあげるまでには至っていなかった。だが、効率的なソリューションが現れるようになって、それも過去の話になりつつある。

　エンコーダーでもデコーダーでも、学習の複雑さを軽減する最適化技法が使われ始めている。また、ニューラルネットワーク、特に機械翻訳では、いわゆる「アテンション（注意）」のしくみも、重要性が増しつつある。ルールベース機械翻訳では、ソース言語における言語構造をターゲット言語で

いかに表すか、その過程をトランスファー規則によって定式化していたが、それとやや似た関係を「アテンションモジュール（注意機構）」が作り出せる。ただし、ルールベースのときのトランスファー規則より抽象度がかなり高くなるため、このアナロジーには限界があるかもしれない。

　アテンションのアプローチは、原文での単語の比重を土台にする。訳文で特定の単語を翻訳しようとするとき、原文には他と比べて特に重要な単語がある（別の言い方をすれば、翻訳プロセスのどの時点でも、原文の単語すべてが等しく重要なわけではない）という、直感的にも分かりやすい考え方である。フランス語から英語への翻訳の場合、どちらも構造が似ているため、特に短い文（10単語以下）であれば、どちらかと言うと逐次的な翻訳プロセスが成り立つ。原文で n 個前の単語が分かれば、訳文で次の単語を生成するには十分な場合が多い。文が長くなっていくと、語順のバリエーションも増えていく。そこで、アテンションのしくみを利用して、文中で最も関連性の高い部分に随時、動的に注目して翻訳するわけである。これは、たとえば動詞とその主語の間につながりがあるという事実を記憶させておくときに役に立つ（特に、主語と動詞の間に長い単語列が挿入される場合）。このつながりが顕著な役割を果たすのが、たとえばターゲット言語で動詞を生成するときの一致の制御である。ソースで適切な単語に注目できるアテンションのしくみがあれば、翻訳全体の質も向上することが確かめられている。長い文で有効なだけでなく、英語と日本語のように類型論的に離れた言語を扱うときにも、さらに効果を発揮する。日本語では、動詞が文の末尾に来るからである。

　一方、未知の単語の問題はディープラーニング手法にとってたしかに課題となっている。このモデルに取り込んで翻訳できるのは、トレーニングデータに含まれる単語だけだからである。モジュール式の統計的機械翻訳であれば、未知の単語に対処するモジュールを組み込むのも簡単だったが、ディープラーニングモデルは全体論的なアプローチをとるため、後からの組み込みが難しい。それでも最近、部分的な「パッチ」方式の解決法は発見されている。未知の単語といっても、実際には固有名詞や数字の場合が

多く、システムによっては、未知の単語をソースからターゲットにコピーするだけで済むということである。書記体系が異なる場合（アラビア語や中国語などから英語に翻訳する場合）、翻字はかなり有効で、有力な答えのひとつになりうる。ただし、固有名詞でも数字でもない未知の単語が出現する頻度が低くないことも事実である。そうなると、未知の単語を小さい単位に分解したうえで、翻訳プロセスに有効な手がかりを得ようとする手法が有効ということになるが、このアプローチも完全とは言えない。未知の単語は、ディープラーニング手法にとって未解決のままなのである。

　最後に、文がすべて翻訳されており、ソースの文から単語列が漏れていないことも検証しなければならない。ここまで進化した機械翻訳システムとしては意外に聞こえるかもしれないが、以前の統計的機械翻訳と違って文を全体として翻訳するだけでセグメントに分割しないため、実際問題として、単語や句の一部を翻訳しそこねることが発生するのである。文の中核になる部分との関連性がゆるやかなために起きる場合もあるが、原因が分かっていない場合も多い。この問題を解決するために、Google のチームは長さのペナルティを課すことを提案している。最長の翻訳を優先し、初期段階で部分的に未翻訳になっている翻訳候補の重みを引き下げるのである。この技法は単純で効率的だが、この一例からも明白なように、ニューラルシステムの動作を理解し解析することは容易ではない。データの内部表現が純粋に数値的で、膨大かつ複雑、そして何より人間には直接読めないからである。しかし、かなり有望な研究の傾向として、ニューラルネットワークによって計算された内部モデルの有意な表現を取得することで、この手法の全体的な動きを確実に理解しようという試みも進められている。

　機械翻訳に対するディープラーニング手法（ニューラル機械翻訳）は、まず近縁の言語の短い文で効率が実証されたが、最近では長い文でも、また言語の種類が増えても同じように効率的であることが分かってきた。進歩は著しく、ディープラーニングは、1990 年代はじめの統計的機械翻訳と並んで、この分野の大改革と目されている。

ディープラーニング手法がいたって急速に広まったことは、注目に値する。機械翻訳に携わる大手（Google、Bing、Facebook、Systran など）はすべてディープラーニングに移行し、2016 年にはこの手法を利用した初のオンラインシステムも登場した。統計的機械翻訳がルールベース機械翻訳に代わって市場を独占するまでに数年かかったのとは対照的である。ディープラーニング手法の普及は、それより大幅に速い。つまりはそのくらい、統計的アプローチをしのぐほどロバストに成熟しつつあるということでもある。

　とはいえ、このアプローチはいまだ揺籃期にあり、急速に発展するのは今後のこととも予想される。上記の問題、たとえば未知の単語についても、さらに効率的な解決策が提唱されている。一方で、機械翻訳の関係者には、特定の問題に高精度で対処できるよう、モジュール式の解法を望む向きもいまだに根強いことは指摘しておく必要があろう。この場合、ニューラルネットワークは従来の統計的機械翻訳のモジュールとして部分的にのみ導入される。ただし、ニューラルネットワークの本質は文まるごとの単位で翻訳を処理することにあるので、これはニューラル方式の方向性に反しているとも言えそうである。どちらのアプローチに将来性があるのか、まだ答えは出ていない。

　この章のしめくくりとして指摘しておきたいことがある。チェスの世界チャンピオンは 1997 年にコンピューターに敗れ、囲碁の世界王者も 2016 年にコンピューターの前に敗北を喫した。だが、二言語間を正確に翻訳できるコンピューターは、今に至るまで登場していない。自然言語は、ことほどさように複雑なのである。

第 13 章

機械翻訳の評価

The Evaluation of Machine Translation Systems

◆　◆　◆

　ここまでに見てきたように、翻訳システムは IBM の試み（第 9 章）に続く 1990 年代に勢いを取り戻して以来、集中的に研究が続けられている。ウェブが発達したことで、インターネット企業の大手が機械翻訳の道を探ったことも、研究の活性化に拍車をかけた。そうなると、翻訳システムの質をいかにして評価するかという問題が生じてくる。2 つのシステムはどうすれば比較できるのか。同じシステムの発達を時系列にそってどう評価でき、その進歩をどのように追跡できるのか——。

　また、良い翻訳とは何かを定義するのが難しいことも第 2 章で確かめた。どんな評価も、ある程度は主観を伴い、利用者の必要性と考え方に大きく左右されるため、翻訳の質の評価が難しいことは明らかである。IBMのチームは、独創的な 1988 年の論文（第 9 章を参照）で、文芸翻訳に言及していち早くこの問題を取り上げている。マルセル・プルーストの『失われた時を求めて』は、最後の単語が第 1 巻の最初の単語と等しい（"longtemps" で始まり、"temps" で終わる）。文芸作品の解釈はこうしたディテールが土台になるので、文芸翻訳はそこにこそ注力しなければならない。だが、IBM は機械翻訳が文芸翻訳とは無縁であることを明示して、この問題を退けた。そのため IBM のチームは、現在の研究の対象外であるとして、この種のディテールを扱うことはなかった。

こうした困難はあるものの、信頼性が高く、迅速で再現性もあって、できることなら安価な、何らかの評価方法を考案する必要はあると考えられた。そのために、特定の評価データセットが生み出され、評価キャンペーンが実施された。

最初の評価キャンペーン

　機械翻訳が登場したときから、評価は必要であると認識されており、しかも自然言語処理の他の分野よりもその必要性は切実だった。おそらく、機械翻訳が当初から実用的な分野と目され、具体的な結果が求められていたためであろう。その流れで発表されたALPACレポートは、機械翻訳システムに期待できる質についてきわめて否定的で、むしろ懐疑的でさえあった（第6章）。

　1990年代のはじめ、IBMから提唱された統計的アプローチに基づいて研究が再出発したときにも、機械翻訳システムの評価の必要性が実感された。自然言語処理という分野でよくあるように、機械翻訳でも研究に着手したのは、アメリカの研究支援機関であるARPA（高等研究計画局）、現在のDARPA[1]（国防高等研究計画局）だった。機械翻訳の研究が始まってから最初期の評価の試みは、1994年のある論文（White et al. 1994）にまとめてあり、さまざまな戦略候補とその限界が、以下のように報告されている。

理解度評価：理解度を評価するために、プロの翻訳者が、まず英語の新聞記事を他言語に翻訳する。次に、そこで翻訳された文章を機械翻訳システムが英語に逆翻訳し、人間がそれを読んだうえで「記事の内容に関する選択式の問い」に答えて機械翻訳を評価する。ホワイト他はこのように説明している。評価者が正しく答えられた質問の数によって、システムの精度を判定するのである。このキャンペーンは、他言語から英語に翻訳できるシステムの数を絞っていたため、この手法でも目的には十分だった。逆翻

訳する文章は複数の言語で用意され、英語への翻訳を比較することができた。この評価法が当初「直接比較法」と呼ばれたのも、複数のソース言語から複数のシステムを直接比較できるとされたからである。

　この評価法に対するホワイト他の見方はかなり微妙である。翻訳者による翻訳は、同じ英文から翻訳されたはずだが、実際にはひとつとして同じものがなく、機械翻訳システムにとってはそれぞれが問題になりうるものだった。そのため、理解度の差が、はたして各言語に翻訳された文章の表現方法に起因するのか、それとも翻訳システム自体に起因するのか見極めが困難だったのである（それ以前に、評価に当たった人の文章解釈に伴って起きうる問題もあった）。結局、この手法は全体的な評価手段としては存続せず、原文と比較したときの「情報量」を評価する目的で残されるにとどまった。

評価パネル：翻訳の質を評価するうえで最も確実なのは、かなりの程度まで主観が伴うということを前提にしても、やはり人間の判断に委ねる方法である。DARPA が 1990 年代にやむをえず頼ったのが、この方法だった。評価者は、翻訳された文章を語彙、文法、意味論、および文体の観点から考察して翻訳の質を評価する。ホワイト他が指摘しているように、この手法は人の翻訳の質を評価する場合にも通用するという点で有力そうに思えた。

　だが、これには大きく言って 2 つの問題があった。まず、現実的な問題として、評価キャンペーンの間ずっと専門家のグループを集めておくのは、困難でもあり費用もかかる。そして、何より問題だったのが、自動的に生成された文章はエラーの種類があまりに多様で、専門家でも全体的なスコアを付けるのはきわめて困難だということである。実際、ある専門家がエラーの種類ごとに決める重みに応じて、専門家ごとにスコアは大きく違っていた。注釈方法を均一化しようとする試みもいろいろあったが、専門家が付けるスコアの差異を縮めるには至らなかった。それゆえ、この評価法も十分に満足とは言えず、評価パネルによる評価も断念されたのである。

忠実さと流暢さ：専門家に依存していた先の試みののちにDARPAで検討されたのが、忠実さと流暢さという2つの評価スコアだった。ホワイト他は、機械翻訳（MT）に対するこの評価法をこう説明している。「忠実さの評価では、英語しか読み書きできない話者が、プロの訳した翻訳に書かれている情報を、同じ文章のMT（または制御）出力からどのくらい読み取れるか判定する」。このときの情報単位は普通、「MT出力のなかで同じ情報を特定できるだけの情報を含む」断片である。一方、流暢さのスコアは正しい文の生成を検証し、各文が適格かどうか、文脈のなかで流暢かどうか判定することをめざす。この2つの基準は、これ以前の基準より使いやすく、DARPAの機械翻訳評価で標準の手法となった。だが、依然として主観的であり、複数の専門家が付けるスコアの開きは大きかった。

人間支援の翻訳：最後の評価手法は、どんな自動システムでも完全な翻訳は得られないという事実を出発点にしている。それなら、翻訳者が良い翻訳を達成するのを機械翻訳がどの程度まで支援できるかを評価するのが妥当ではないかという発想である。1990年代はじめに行われた実験では、熟練の翻訳者（自動プロセスを利用せずに「正しく」翻訳する方法を理解しているとされる）より経験の浅い翻訳者のほうが、不完全な翻訳から多くの利点を得られるはずだとされた。この評価で中心になるのは、自動プロセスの翻訳結果と、翻訳者が改良した結果との比較であった。

　ホワイト他は、この評価法から興味深い結果が得られるようだと報告している（White et al. 1994）。しかし、実用がきわめて難しい要因もいくつかあった。まず、「経験が浅い」翻訳者というステータスの扱い方が至難だった。翻訳者ひとりひとりの個人差が大きく、どう比較しても主観が大きくなるのである。次に、自動システムのさまざまなコンポーネント（なかでも、機械翻訳システムの直接的な一部ではない、翻訳者とのやり取りを管理するコンポーネント）による付加価値の評価が難しかった。そして、評価された自動システムの大半は、何かしらユーザーとのやり取りを必要としていたため、純粋に機械翻訳システムだけの結果を分離することも困難

だった[2]。

　1990年代のなかばになると、評価には主として3つの尺度が用いられるようになる。翻訳された文章の理解度、忠実さ、流暢さである。いずれも注目に値する尺度だが、人間の判断によるところが大きく、コストもかかるうえに一貫性を欠く部分もあった。そこで、機械翻訳の専門家は1990年代の終わり頃になると、人間が介在しない完全自動の手法を模索するようになる。

自動評価の手法を求めて

　自動評価の手法は、シンプルな疑問に答えることをめざす。参照翻訳がひとつ（複数でもよい）あるとき、機械翻訳の質をどう評価できるか、という疑問である。同じような疑問がほぼ同時に —— 1990年代終わり頃から2000年代のはじめにかけて、そして今日に至るまで —— 自動要約などに関しても提起されている。この問いは簡単そうに思えるが、実際にははるかに複雑である。いくつもの手法が定義されているので、以下にその主なものを、数学的な詳細は省いて紹介していく。

◆ BLEU

　BLEU（Bilingual Evaluation Understudy）スコア（Papineni et al. 2002）の原理は比較的単純で、参照翻訳 T_{Ref} と、自動生成された翻訳 T_{Auto} を比較するという考え方が基本である。BLEU スコアは、T_{Ref} と T_{Auto} を n-gram と呼ばれる長さ1から n のセグメントに分割し（一般的には、$n = 4$ のときの結果が最も信頼できるとされている）、T_{Ref} と T_{Auto} の両方に出現するセグメントの数を比較して計算する。また、一定より短い文を生成するシステムが有利にならないように、BLEU の公式には、機械翻訳における文の長さを考慮するパラメータも加えられている。

　T_{Ref} と T_{Auto} の2つのテキストが完全に同一であれば、BLEU スコアは1になる（T_{Auto} のセグメントがすべて T_{Ref} にも含まれる）。両方に出現す

るセグメントが皆無であれば、スコアは 0 になる。言い換えるなら、機械翻訳 T_{Auto} が参照翻訳 T_{Ref} に近くなるほど、両方に出現するセグメントの数が増え、BLEU スコアは 1 に近づくということである。結果の信頼性を引き上げるには、この前提を維持したまま T_{Auto} を複数の参照翻訳 T_{Ref} と比較すればよいことになる。

◆ NIST

　各分野で評価キャンペーンを立案しているアメリカの国立標準技術研究所（NIST）で、BLEU スコアと同じ時期に開発されたのが、NIST スコアである（Doddington 2002）。原理も同じで、比較する 2 つの文章 T_{Ref} と T_{Auto} をセグメント（n-gram）に分割し、T_{Auto} のセグメントのうち T_{Ref} にも出現している数に基づいてスコアを決定する。

　大きな違いは、情報量という要素を加味し、希少なセグメントほど重みを大きくする点にある。NIST スコアは、概して BLEU スコアとの相関性があるが、これは大枠で類似していることから当然と言える。NIST スコアのほうが、翻訳文における情報の多様性を考慮したものとなっている。

◆ METEOR

　さらに最近になって考案され、意味論を取り入れようと試みているのが、METEOR スコア（「Metric For Evaluation Of Translation With Explicit Ordering」、Banerjee and Lavie 2005）である。METEOR は、評価する文章と参照翻訳の両方に出現する、意味論的に「完全な」単語（基本的には名詞、動詞、形容詞）を識別することをもとにしている。両方に出現する完全な単語の周辺で、さらに長いテキストのつながりを識別しようとするのである。他の手法と同様、両方に出現するセグメントが多いほど、またそのセグメントが長いほど、METEOR スコアは 1 に近くなる。

　類似のセグメントを検索するときには、必ずしも表層形式を基準にするわけではない。単語は、語幹すなわち見出し語形に置き換える（"running" を "run" に変える）ことができ、意味論的なリソース（WordNet など）を使っ

ている場合には同義語に置き換えることさえできる。その分、信頼性は高く、条件の変化に強い手法と言えるが、適切な意味論的リソースが必要であり、それがどの言語でも利用できるとは限らない。この手法を実装したパッケージに、サポートされる言語（意味論的なリソースが用意されている言語）のリストが付属しているのも、そのためである。

　METEORの開発者によると、BLEUスコアやNISTスコアよりMETEORの結果のほうが、人間による評価との相関性は高いという。ただし、他のスコアより運用が困難で、さまざまなオプション（評価の際に特定の言語リソースを利用したかどうか、など）を用いるため、結果を解釈するのも継時的な変化を比較するのも難しくなっている。そのため、METEORは他のスコアより用いられる頻度が低く、BLEUのほうが、限界はありながら今も広く利用されているのである。

◆ 自動評価手法についての見解
　ここまでにあげた手法はすべて、参照翻訳と機械翻訳との間における短い単語列（n-gram。nは一般的に1〜4単語）の比較を利用する。見出し語形、同義語などそれ以上の情報を加味する手法もあったが、ほとんどの評価は表層形式、つまり文章に出現するとおりの形に依拠するにとどまっている。評価に使われる情報の貧弱さに驚くかもしれないが、文体や流暢さといった概念はおろか、文法性すら除外されているのである。評価では短い単語列を判定するだけなので、文を構成する4単語の連続が、参照に使われる文章と共通してさえいれば、かりにランダムで意味のない文で構成された、まったく判読できない文章であっても、高いスコアをとれてしまうことになる。

　こうした偏りはよく知られているが、実際には、一見した印象ほど大きな問題にはなっていない。評価の目的は実用的なシステムを開発することにあるので、翻訳される文章の質を顧みずに良い結果だけを追求するシステムをめざす理由など、そもそもないからである。評価キャンペーンでは、システムの出力が公開されているため、意味論的に破綻した文章で良い成

績を収めたところで、そのチームが利益を得るようなことは起きない。

　もっと根本的なところでは、翻訳作業の複雑さに比べて、自動評価手法がわりあい単純なところに、評価の真の問題が表れている。「良い翻訳」といった概念にしても、それを誰も定義できない以上、形式化することは難しい。まして、一貫性や文体などの概念ともなれば、なおのことである。したがって、評価に用いられる手法はかなり貧弱であっても、専門の翻訳者による評価との間にそれなりの相関関係は得られるため、評価についてはその点が重要な要素と見なされている。

評価キャンペーンの普及

　機械翻訳は、1980年代にはほどほどに盛んな研究分野にすぎなかったが、1990年代に進められたIBMの研究を受けて活性化し、それが評価キャンペーンの増加につながった。2000年代はじめからは、全世界で毎年のようにキャンペーンが進められている。

　DARPAは、中国語およびアラビア語から英語への翻訳の評価キャンペーンを2001年に開始している。評価には、通信社の報道記事が使われた。2005年からは毎年、WMT（Workshop on Machine Translation）カンファレンスが特定のヨーロッパ言語に関する評価キャンペーンを組んでいる。たとえば、フランス語－英語、スペイン語－英語、ドイツ語－英語、チェコ語－英語、ロシア語－英語が取り上げられ、言語ペアごとに両方向（フランス語から英語、英語からフランス語）の翻訳が評価された。参加者は、開発に用いる一連の文章（通例はアラインされた文を集めたもので、参加者はそれを利用して、評価作業に合わせてそれぞれのシステムを作り変えることができる）を最初の資料として渡されるが、参加者独自のデータ（他のコーパス、対訳辞書または単言語辞書）も使うことができる。結果を提出するとき、参加者は指定されたデータだけを評価に使用したか、それとも他のリソースも使用したかを申告する。

　欧州委員会は、当初からWMTの評価キャンペーンを強力に支持して

いた。WMT は、欧州議会コーパスが利用できることを前提としている。これは欧州議会での議論の口述筆記を収めたコーパスで、21 言語で利用できるため、もともと機械翻訳の用途に使われていたからである。文章は半自動的にアラインされ、その適合率も高かった。自動システムを開発するうえで類を見ない学習コーパスだったのである（第 7 章を参照）。

　WMT の評価キャンペーンが注目するのはシステムの評価だけではなく、評価手法そのものに目を向けていることに注意したい。人の手による評価との相関関係が少しでも高い自動手法を追求することが、引き続き研究課題になっている。ごく最近では、自動生成された翻訳について文章としての質を評価することが大きな関心事にもなっているように見える。小さいフラグメント（n-gram）のみに依存する従来の評価法は、翻訳された文章の質と判読性という問題を未解決のまま残しているからである。

自動評価で得られた教訓

　システムの性能と進化を測定するうえで、自動評価の重要性は大きい。たとえ自動手法の性能が十分ではないとしても、進化を測定することはできるし、その進化はシステムの全体的な水準に対する人間の認識ともおおむね相関関係がある。つまり、スコアが時間とともに伸びていくようなシステムであれば、プロ翻訳者の基準でも実際に質が向上しているように見える翻訳を出力することが明らかになっているのである。異なる言語ペアどうしを翻訳して得られる結果の大きな違いも考えなければならないし、一部の機能は性能に影響しかねない。たとえば、トレーニングデータが少ない場合や、形態的な多様性が大きく自動処理が難しいとされる言語、系統的に遠い言語などの場合である。

◆言語ペアに応じた課題の難度を評価する

　図 19（Koehn et al. 2009）は、標準的な同一の翻訳システム（Moses）と、それに見合う各言語ペアのトレーニングデータを用いて 22 言語を実験し

	en	bg	de	cs	da	el	es	et	fi	fr	hu	it	lt	lv	mt	nl	pl	pt	ro	sk	sl	sv
en	–	40.5	46.8	52.6	50.0	41.0	55.2	34.8	38.6	50.1	37.2	50.4	39.6	43.4	39.8	52.3	49.2	55.0	49.0	44.7	50.7	52.0
bg	61.3	–	38.7	39.4	39.6	34.5	46.9	25.5	26.7	42.4	22.0	43.5	29.3	29.1	25.9	44.9	35.1	45.9	36.8	34.1	34.1	39.9
de	53.6	26.3	–	35.4	43.1	32.8	47.1	26.7	29.5	39.4	27.6	42.7	27.6	30.3	19.8	50.2	30.2	44.1	30.7	29.4	31.4	41.2
cs	58.4	32.0	42.6	–	43.6	34.6	48.9	30.7	30.5	41.6	27.4	44.3	34.5	35.8	20.5	46.5	39.2	45.7	36.5	43.6	41.3	42.9
da	57.6	28.7	44.1	35.7	–	34.3	47.5	27.8	31.6	48.3	27.4	44.3	29.7	32.9	21.1	48.5	35.4	45.4	33.9	33.1	36.2	47.2
el	59.5	32.4	43.1	37.7	39.4	–	54.0	26.5	29.0	51.3	24.2	49.6	30.0	32.6	23.8	48.9	34.2	52.5	37.2	33.1	36.3	43.3
es	60.0	31.1	42.7	37.5	44.5	39.4	–	25.4	28.5	53.2	23.7	51.7	29.0	32.6	24.6	48.8	33.9	57.3	38.1	31.7	33.9	43.7
et	52.0	24.6	37.3	35.2	37.8	34.9	40.4	–	29.0	29.5	24.0	37.0	26.8	30.5	20.5	41.3	32.0	37.8	28.0	28.0	32.9	37.3
fi	49.3	23.2	36.0	32.0	37.9	30.0	39.7	37.7	–	30.7	30.9	36.6	35.0	36.9	19.4	40.6	32.0	37.5	26.5	28.4	28.2	37.6
fr	64.0	34.5	45.1	39.5	47.4	42.8	60.9	29.6	37.7	–	27.2	56.1	30.5	31.9	25.3	51.6	35.7	61.0	43.8	39.4	35.6	45.8
hu	48.0	24.7	34.3	30.0	34.3	25.5	34.1	29.4	30.0	30.7	–	33.5	28.3	32.5	18.1	36.1	29.8	34.2	28.0	27.4	34.7	30.5
it	61.0	32.1	44.3	38.9	45.8	40.6	57.2	25.0	32.0	52.7	25.5	–	30.5	31.9	24.6	50.5	35.2	56.5	44.8	41.8	35.3	44.3
lt	51.8	27.6	33.9	37.0	36.8	26.5	41.0	34.2	32.4	34.4	24.2	29.6	–	29.4	18.1	38.1	37.1	31.6	25.7	31.8	37.1	35.3
lv	54.0	29.1	35.0	37.8	38.5	29.7	42.7	34.2	35.6	35.6	28.5	29.4	29.6	–	22.0	41.5	32.0	39.6	29.3	33.3	40.0	38.0
mt	72.1	32.2	37.2	37.9	38.9	33.7	48.7	26.9	25.8	42.4	24.2	32.6	18.1	40.1	–	38.4	34.5	45.9	31.0	32.5	34.6	41.6
nl	56.9	29.3	46.9	37.0	45.4	35.3	49.7	29.2	29.8	43.4	25.3	44.5	28.6	41.5	22.2	–	35.8	47.7	38.9	30.1	39.8	43.6
pl	60.8	31.5	40.2	44.2	42.1	34.2	46.2	26.4	29.0	40.0	24.5	43.2	33.2	33.2	22.0	44.0	–	44.1	33.0	38.2	34.5	42.1
pt	60.7	31.4	42.9	38.4	42.8	40.2	60.7	24.6	29.2	53.2	25.0	52.8	28.0	31.7	22.0	44.8	39.0	–	38.2	32.1	35.1	43.9
ro	60.8	33.1	38.5	37.8	40.3	35.6	50.4	29.8	26.2	46.5	27.4	44.8	28.4	35.6	27.9	43.0	35.8	48.5	–	31.5	39.4	39.4
sk	60.8	32.6	39.4	48.1	41.0	33.3	46.2	31.1	28.4	39.4	27.4	41.8	33.8	29.9	24.8	44.4	38.2	43.3	35.3	–	42.6	41.8
sl	61.0	33.1	43.5	43.5	43.6	33.3	47.0	33.0	28.8	39.4	22.7	42.3	34.6	36.7	28.7	45.9	38.2	44.1	35.8	38.9	–	42.7
sv	58.5	26.9	41.0	35.6	46.6	33.3	46.6	27.4	30.9	38.9	22.7	42.0	28.2	31.0	28.5	45.6	32.2	44.2	32.7	31.3	33.5	–

図 19 標準的な同一の統計的機械翻訳システムを 22 のヨーロッパ言語に適用して得られた性能。翻訳システムのベースになったのは Moses の標準ツールボックスで、コーパスとしては JRC-Acquis コーパス（第 7 章）、指標には BLEU スコアを使用した。濃いグレーのセルが BLEU スコアで 0.5 以上の結果、薄いグレーのセルが 0.4 未満を表す（ブランクは 0.4 から 0.49 の間）。言語の略号は以下のとおり。bg：ブルガリア語、cs：チェコ語、da：デンマーク語、de：ドイツ語、el：ギリシャ語、en：英語、es：スペイン語、et：エストニア語、fi：フィンランド語、fr：フランス語、gr：ギリシャ語、hu：ハンガリー語、it：イタリア語、lt：リトアニア語、lv：ラトビア語、mt：マルタ語、nl：オランダ語、pl：ポーランド語、pt：ポルトガル語、ro：ルーマニア語、sk：スロバキア語、sl：スロベニア語、sv：スウェーデン語（エストニア語、フィンランド語、ハンガリー語はフィン＝ウゴル語族、マルタ語はセム語族、その他はインド＝ヨーロッパ語族である）。Koehn et al. 2009 より。

た結果である。トレーニングデータは JRC-Acquis コーパスで、22 のヨーロッパ言語間で翻訳しアラインされた文章から構成されている。したがって、この実験に使ったどの言語でも文章の種類とデータ量は等しい。また、図 19 で示すスコアは BLEU スコアである。

　ここで重要なのはスコア自体ではなく、その差異の比較にこそ有益な意味がある。扱う言語に応じた翻訳の難易度が如実に表れているからである。言語の特性を考えると、明らかに良好な結果が出ている言語もあるが、この実験の目標はあくまでも、言語に応じた最適化は行わずに、従来の IBM モデルのように標準的な翻訳アルゴリズムを用いたときの言語間の違いを正確に際立たせることにあった。

　ここに表れた結果に注目してみると、たとえば英語からかなり遠い言語の処理が難しいことが分かる（フィンランド語、ハンガリー語、エストニア語はいずれもスコアが低く、マルタ語も同様である）。さらに詳しく結果を見ると、形態的な多様性が大きい言語ほど翻訳が難しいことも分かる。膠着語の特徴として、辞書形の末尾に形態素が追加されるからである。文中で単語の機能を表す格標識などがこれに当たる（形態素で所有格や決定詞を表す）。インドヨーロッパ語族のなかにも、スラブ語族やドイツ語のように、膠着語と分類されていないだけで、多様な形態素をもちスコアがあまり伸びない言語もある。動詞の接頭辞を分離できる場合や複合語も処理が難しく、ドイツ語の結果がふるわない一因になっている。

　形態的に多様な言語の場合、正確な翻訳を行うには、適切な統語解析が必要になる。たとえば、翻訳として主格と対格のどちらを選択するか決定するには、名詞が主語か目的語かを判別しなければならない。**図 20** に、フィンランド語の簡単な例を示す。フィンランド語は、基本語形にさまざまな形態素を追加できるので、単純な単語からほぼ無限の語形を生成することができる。

　統計的機械翻訳、特にセグメントベース手法は、詳細な統語解析を試みることなく正確な翻訳を見いだすことができる。セグメントとはすなわち単語列のことであり、この手法は文脈を直接利用することになるので（文

I bought the book.
Minä ostin kirjan.

I did not buy the book.
Minä en osta kirjaa.

The book is on the table.
Kirja on pöydällä.

My book is on the table.
Kirjani on pöydällä.

図 20　フィンランド語における "book" の語形変化。
文法的な機能に応じて変化する。

脈とは、特定の単語の周囲における単語の並び方にほかならない)、純粋に逐
語的なアプローチの問題は回避される。それでもやはり、主として前置詞
や決定詞を多用し、文脈に応じた語形変化が少ない言語と比べると、形態
的に多様な言語で正しい翻訳が見つかる確率は、大幅に下がってしまう。
英語やフランス語のような言語が「分析的」あるいは「孤立型」と呼ばれ
るのは、形態論的に見た変化が少なく、前置詞のしくみが複雑だからであ
る。中国語も分析的な言語だが、フィンランド語は、すでに見たようにそ
のカテゴリーに入らない。

　同様の理由から、評価の手順に大きな偏りが生じることも明白である。
翻訳評価は、参照翻訳と自動翻訳との両方に出現する単語列の数によって
決まるので、膠着語のほうがどうしても不利になる。基本語形に形態素が
結合（膠着、つまり接着）されるからである。その結果、膠着語では 1 つ
の長い単語に、多様な言語情報に対応する複数の形態素が含まれることが
ある。一方、英語やフランス語は形を変えない小さい単語の羅列だけで同
じ情報を表現できる。英語やフランス語におけるそうした並び方が、翻訳
評価に関わる多数のセグメント（n-gram）のもとになることは言うまで
ない。そのため、形態的に多様な言語には二重に不利な点があると言える。
分析的な言語のほうが単語列が長くなって、評価スコアが高めになる（前
置詞句が頻出するなど）一方、膠着語は言語的な形態が複雑になって正確
な分析が難しくなるからである。

英語の場合はどうだろうか。英語は、特に他の言語と比べると形態素がきわめて少ないため、スコアが高く出る傾向がある。たいていの場合、語形変化が少ないことから、英語の文脈では正しい語形を計算する必要がほとんどない。膨大な量のデータを利用できることが強みになっているのは当然だが（第7章で見たマーサーの言葉、「より多くのデータにまさるデータはない」が思い出される）、それ以上に、英語のスコアが高い理由は英語の特殊性、特にその形態素の少なさにあるのである。となると当然、それでもなお翻訳システムで生じるエラーにはどんなものがあるのか、という疑問が生じてくる。

◆ 翻訳上のエラーの類型学

　機械翻訳システムによるエラーの類型学を提唱している研究は、ほとんど存在しない。どんな試みも困難であり、主観的になってしまうのである。ひとつには、考察対象となる言語および翻訳システムに左右されるからであり、ひとつには、エラーは分類が難しく発生のしかたが一様ではないからである。

　それでも、ヴィラール他はこうした類型学の提唱を試みている（Vilar et al. 2006）。この類型に含まれるカテゴリーは、未知の単語（ソース言語の単語が、翻訳システムで不明として扱われる）、翻訳の正しくない単語（意味に誤りがある、語形が正しくない、慣用表現の訳が誤っている、など）、語順の問題（ターゲット言語での語順に関する問題）、ターゲット文における単語の欠落、とされている。場合によって、特に言語ペアが密接な関係にある言語どうしの場合には、このような解析が可能であり、システムで弱点を見つけて後で解決できる（単語の意味の体系的なエラーなど）。こうした解析は、大きな弱点が見つかったときにシステムの開発者が所定のルールを修正したり、新しい規則を設けたりできることから、手動で開発されたルールベース機械翻訳システムの場合に特に効果的である。

　統計的機械翻訳システムに関しては、エラーの原因がさらに多様になり、修正もはるかに難しくなる。システムとして、手動での修正を想定してい

ないからである。現実的には、見つかったエラーが修正されることを期待しつつ、新しいデータを用いてシステムを「再トレーニング」しなければならない。しかも、トレーニングは膨大な量のデータに対して実行されるので、エラーをひとつひとつ修正できるわけではない。また学習手順は、その性質上グローバルかつ自動のため、完全には制御できない。したがって、統計的機械翻訳の場合、特定のエラーを修正するのは困難なのである。すでに見たハイブリッドシステムは、両方の長所を活かすために大量のデータからの一般化を実現する一方、局所的な修正を正確に実行できる機能をできるだけ保とうとしている。

　最後に改めて確認しておきたい点がある。実際には、重要な要因になるのは言語ペアであるということ、そしてエラーの種類は、何よりも、ここまでに述べたような各言語の特性（トレーニングのために入手できるデータが多いか少ないか、形態的な多様性が大きいかどうか、など）によって決まるということである。

　機械翻訳は、もっと根本的な理由で批判されることもある。ほとんどの手法はかなりの部分までテキストに即している、つまりその結果も逐語的な翻訳（あるいは句単位の翻訳）になるという点である。しかし、ここまでに見てきたように、正しく翻訳するには文を全体で解析する必要があり、単に単語や句の局所的な等価をもとにするわけにはいかない。たとえば、第 10 章 で は “the poor don't have any money” が “les pauvres sont démunis” と 訳 さ れ る 例 を あ げ た。 ケイ は、“please take all your belongings with you when you leave the train”（直訳：列車から降りるときは、すべての持ち物を持っていってください）というもっと複雑な例を引用している（Kay 2016）。フランス語では、“veuillez vous assurer que vous n'avez rien oublié dans le train”（直訳：列車に何も忘れていないことを確認してください）となる。どちらも意味はほぼ同じで、列車が駅に着く直前によく耳にする文である。だが、構文の考え方は異なっており、英語のほうが「荷物を持っていく（take all your belongings）」ことを強調しているのに対して、フランス語は「何も忘れない」（que vous n'avez rien oublié) ことを強調している。このような訳し方は、翻訳としてごく一般的であり、自動システムには不可能であるとケイは考察している。この最後の点についてはケイに賛同できるが、ケイが主張しているほど根本的な問題ではないかもしれない。英語の原文にもっと近いフランス語の正しい翻訳、たとえば "veuillez vous assurer que vous prenez tous vos effets avec vous au moment de quitter le train" (直訳：列車を降りるときは、すべての持ち物を持っていることを確認してください) という訳し方もできるからである。機械翻訳システムとは、このような翻訳をめざすものであろう。慣用に即した翻訳（文芸の翻訳も含めて）は人間による翻訳の特徴であって、機械翻訳システムがめざす目標になるとは限らないということである。

第 14 章

産業としての機械翻訳：
商用製品から無料サービスまで

The Machine Translation Industry : Between Professional and Mass-Market Applications

◆ ◆ ◆

　機械翻訳という応用技術が広く受け入れられているのは、きわめて分かりやすい直接の需要があるからだ。ソース言語からターゲット言語へ文章を自動的に翻訳できるシステムの存在価値は、誰から見ても明らかである。最近では、外国語を習得していなくてもインターネット上で外国の新聞を読めるし、言葉の壁を乗り越えてソーシャルネットワーク（SNS）でメッセージをやり取りすることさえ可能になっている。ここに共通しているのは、経済的要因の大きさである。

評価の難しい業界

　翻訳に関する需要と予算（人間による翻訳も機械翻訳も含めて）は分かっておらず、推定もほぼ不可能と言える。企業からも行政機関からも、翻訳の予算について情報が出てくることはほぼないからである。そのうえ、翻訳者の多くは自営業なので、市場が1つにまとまっていない。およそ100億～1000億ドル（約1.1兆円から11兆円）という数字も随所で取り沙汰されているが、発表されている数字にあまりにも幅がありすぎて信頼性には乏しい。

◆市場の概要

　翻訳予算ということで、よく引き合いに出されるのが欧州委員会である。一部の文書は 20 以上の言語で公開しなければならないので、その予算は膨大な額になる。翻訳総局によると[1]、欧州委員会内部の翻訳予算は、2013 年で 3 億 3000 万ユーロ（約 390 億円）だった。翻訳される文書の総ページ数は増え続けて年間 200 万ページを超えており、そのうち 93％以上は人の手で翻訳されている。同じ資料によると、自動の支援ツール（ウェブ経由または内部ツール）を利用しているのは、5％にも満たないという[2]。欧州委員会で翻訳される文章はすべて専門的な内容で、法務関連がかなりの割合を占めるものの、そこで扱われている分野や主題は多岐にわたる。各種の技術レポート（いわゆる「ホワイトペーパー」）、加盟各国との通信文、ウェブサイトなどである。欧州委員会のような状況では、機械翻訳が貴重な役割を果たしうることが容易に想像できる。専門性が高く、繰り返し発生する文書の翻訳であればなおさらで、最新の技術を有利に利用できる可能性がある。実際、欧州委員会は長年にわたって機械翻訳への投資を続けており、特に Systran との関係が深かったことは、すでに見たとおりである（Systran の歴史とその商用システムについては、本章で後述する）。最近の欧州委員会は、機械翻訳の大幅な進歩を見越して、フリーのソフトウェアやリソースの開発に資金を提供している。なかでも特筆に値するのが、欧州議会コーパスや JRC-Acquis コーパスなどのパラレルコーパスで（第 7 章を参照）、ほかにもヨーロッパで資金援助を受けている複数のプロジェクトによって成立したソフトウェアプラットフォーム、Moses が開発されている[3]。

　欧州委員会のほかにも、技術文書を翻訳し、頻繁に更新しなければならない産業の現場は多い。カナダ環境省（現在の環境・気候変動省）による天気予報がその好例で、予報を毎日フランス語版と英語版の両方で作成する必要がある。この二言語予報の作成が 1970 年代から自動化され、一定の成功を収めている（第 6 章を参照）。その時代のアプリケーションが、機械翻訳の世界で長年にわたって第一線で利用されているというのは、ある意

味、驚異的である。他の応用分野で、ここまで成功したシステムの例は出現していない。

　多言語のリーフレットやマニュアルの制作、ローカライゼーション（ソフトウェアを各国の言語や文化に合わせて適合させること）も、機械翻訳の大きな市場である。商品説明のリーフレットを読もうとしたが文章が読みにくく、どう見ても機械翻訳の出力だったという経験が誰でもあるだろう。複数の言語でリーフレットやマニュアルを制作し、改版を続けていくにはコストがかかる。特に、安価な製品を販売していて翻訳の予算が少ないメーカーにとって、そのコスト負担は大きいからだろう。そうした状況では、機械翻訳の出力を翻訳者が見直すだけで済むということで、機械翻訳は魅力的な技術に見えるのである。もちろん、プロセスが完全に機械まかせで、出力をチェックする人間がまったくいなかった場合、目も当てられない翻訳になる。そうしたことが、頻繁に起こっている。

　機械翻訳の市場としてもうひとつ大きいのが、特殊な文書を必要とする国際特許の現場である。特許はきわめて多岐にわたる言語で書かれている。市場に新しい製品を投入しようとする際にメーカーは、その製品を展開するどの国でも特許を侵害しないことを確かめなければならない。そこで、言葉の壁を破る現実的な需要が生じることになる。ある言語で書かれた特許が争議の原因になろうものなら、財政的な影響は甚大だからである。しかも、特許にはきわめて独特な言い回しが使われるという問題もある。そのため、特定の用語や特許に固有の表現を効率的に扱うには、システムの調整が欠かせない。ひとつの言語で取り扱うだけでも難解な世界を、多言語の文脈で扱うのは至難の業だ。実際、特許の分野では機械翻訳が大きく注目されているが、それは営業的にも経済的にも利益が大きいからにほかならない。大手の組織や企業も、特許に目を向けつつある。たとえば、ヨーロッパ特許庁はGoogleと協力して、特許分野に適合した機械翻訳システムを推進している。世界知的所有権機関（WIPO）は、中国語、日本語、韓国語の特許文書を英語に翻訳するために、ニューラルネットワークに基づいた独自の翻訳システムを開発している。機械翻訳に携わるメーカーの

ほとんどが、特許分野に関わる商用ソリューションを提供しているという現状である。

　最後に、今日では機械翻訳の最大規模の利用者となっている諜報機関についても触れておかねばならない。この市場については、ほとんど何も分かっておらず、評価は他の市場以上に難しい。諜報機関は、性質上その活動についてほとんど情報を公表しないからである。機械翻訳が、情報の傍受に関わっていることは言うまでもない。諜報機関は、傍受したメッセージをすべて解析できるわけではなく、関連するすべての言語の専門家を抱えているわけでもない。したがって、傍受したメッセージで使われている言語を自動的に識別し、その一部を、たとえ表面的にであっても自動的に翻訳することが不可欠になる。対象となるのが書かれた文書であれ、音声の書き起こしであれ、機械翻訳がこの分野で重宝されるのは当然と言えよう。翻訳の需要は、いわゆる機密文書に関わることが多く、国際情勢によって大きく変動する。国益を考えて、西側諸国のほとんどは機械翻訳の企業とそれぞれ別個に提携関係を組んできた。この分野では、新たな脅威にも迅速かつ効率的に対処できるように、新しい言語について、ごく短期間で効率的なシステムを開発できることが重要な課題となっている。

　機械翻訳の市場が、ウェブ上で自由に利用できるサービス（Bing Translator、Google 翻訳、Systranet など）から、純粋に商用のツールまで、きわめて広く細分化していることは明らかである。しかも、商用ツールはたいてい複数のバージョンで提供される。たとえば、同じソフトウェアでも、ウェブ上で利用できる無料版もあれば、従来の販売経路を通じて販売されているプロフェッショナル向けもある。プロフェッショナル版には、関連サービス（特に、専用の辞書、用語集、表現集などを作成するサービス）が用意されている場合が多い。ここで注意する必要があるのは、ほとんどの企業が、ソフトウェアの販売で直接利益をあげているわけではなく、収益の大半が広告やサービスによるものだという点である。機械翻訳の周辺でサービスが販売されている以上、翻訳テクノロジーとプロ翻訳者との間にはまだ、両者の出会う点が存在することになる。これほど自動化が進んだ

状況でも、翻訳者は必要とされているのである。

　最近、市場が多様化している一因は、音声翻訳の発達にもある。この分野はまだ発展途上ではあるものの、実際の応用が、特にモバイル機器で期待できるという点で、きわめて有望と見なされている。また、自動ツールを開発するときに直接は想定されていなかったかもしれないが、機械翻訳はプロの翻訳者にとっても有用なツールになっている。その現状についても最後に触れることにする。

◆無料のオンラインソフト

　1990年代以降、無料の機械翻訳システムがインターネット上に登場するようになった。最初期のBabelfishは1990年代末に登場し、検索エンジンAltaVista（当時、最大の検索サイトだった）に搭載された。Babelfishは、そのAltaVistaと、開発元であるSystranとの契約で生まれたサービスである。2003年には、AltaVistaがYahooの傘下に入ったためBabelfishもYahooのサービスとなったが、最終的にYahooは2012年にBing Translatorに移行した。

　現在、最もよく知られているインターネット上の無料翻訳サービスといえば、間違いなくGoogle翻訳だろう。Googleは、独自のソリューションを開発するために、2000年代はじめから機械翻訳の研究を進めている。Googleが推進するオンラインの翻訳機能は、当初Systranベースだったが、独自の技術開発が進むにつれてSystranから離れていった。独自システムになってからは、まず2005年にロシア語、中国語、アラビア語に対応し、その後2007年10月には25言語の間で翻訳が可能になった。現在では100以上の言語に対応しており、言語ペアによってはかなり実用的なレベルに達している。

　Google翻訳は統計的手法に基づいており、IBMが最初に開発したモデルを踏襲している。そこで使われているアルゴリズムは公開されていないため、詳しいところまでは分かっていないが、当時のモデルから著しく進歩していることは言うまでもない。Googleの最大の強みは、自社の検索

エンジンと桁違いの計算処理能力を駆使して、ウェブ上で利用できる対訳コーパスを最大限に活用できることにある。Google の翻訳システムは、用語や意味のリソースも次々と取り込んでおり、最近ではディープラーニング（深層学習）の手法に基づいた新しいシステムを採用し始めている。

　Google 翻訳のほかにも、インターネット上で利用できる無料の機械翻訳ソフトウェアパッケージは多い。すでに述べたように、Microsoft の Bing Translator は Yahoo に採用されて、それまで使われていた Babelfish にとって代わった。一方、Systran は Systranet という独自のオンラインサービスを提供しており、Systran にとって最大の競争相手だった Promt も無料の翻訳サービスをオンラインで提供している。それ以外にも、インターネット上で直接利用できるシステムは数多く、一般性の低い言語に特化したシステムもある。ヨーロッパ機械翻訳協会の依頼でジョン・ハッチンスがまとめた 2010 年の文書、『Compendium of Translation Software（翻訳ソフトウェア概論）』[4] には、インターネットで使える製品が何十も掲載されているし、新しいソフトウェアとウェブサイトも毎週のように登場している。

　一部のウェブサイトやモバイルアプリ、なかでもソーシャルネットワークは、ユーザーが外国語のコンテンツも利用できるように、機械翻訳サービスを組み込むようになってきた。Facebook と Twitter は Bing Translator を使用してそれを実現しているが、Facebook は最近、独自の社内技術で機械翻訳サービスの開発を始めている。そのほかにも、機械翻訳の技術を組み込むソーシャルネットワークは増えてきた。ときには、機械翻訳だとユーザーが気づかないことさえある。これは、特に操作しなくても自動的に翻訳が表示されるためで、この動作はソーシャルネットワークの設定によって異なる。

　各社がこのようなオンラインサービスを提供している理由はさまざまで、その収益源も多様である。Google と Microsoft の場合、機械翻訳は、情報サービスの充実を狙うエコシステムにおいて重要な技術と考えられているので、直接的な投資利益にはつながらなくても、主要な業務の一環と

位置付けられている。Googleの主な収益源は広告であり、Microsoftの収益源はほとんどがソフトウェア販売である（収益源を広告にまで多角化する試みは続けられている）。SystranやPromtのような企業の場合は、アクセス数で競合製品を上回るために、インターネット上の存在感（プレゼンス）が不可欠であり、何よりも重視される。ソフトウェア企業にとっては、広告とオンラインでの製品販売がもうひとつの収入源であり、これには他のウェブサイトに翻訳サービスを組み込むソリューションも含まれる。月間の翻訳件数に応じて収益が発生するしくみである。

　また、機械翻訳ツールはスタンドアロンの単なるオンラインアプリケーションではなくなりつつある点にも注意したい。今では、オンラインで示される翻訳を直接修正できる場合が増えている。このシステムは、そうした人の手による修正を利用してエラーを特定し、随時対応しながら、しかもコストをかけずに修正ができる。ユーザーからの修正案を取り込むだけで済むからである。ユーザーからのフィードバックはまだ限定的だが、ツールを使うユーザーのコミュニティが活発になれば、フィードバックで得られる利点は大きい。このような情報源は今後、特に自動手法が停滞期に入ったとき（つまり、最初の急激な発展が終わって進化のペースが落ちついてきたとき）には貴重なものになる可能性がある。そういう段階に入ると、技術発展を支える大きな要因は、ユーザー自身によって提案される局所的な改良を採用することにかかってくるからである。しかし、ソフトウェアのユーザーはほとんどフィードバックを送ってこない傾向があるので、ユーザーのコミュニティと接点をもつのは難しく、費用もかなりかかる。そう考えると、利用者数が多いオンラインの翻訳サービスは、きわめて貴重な製品ということになるのである。

　最後に、オンラインの製品は翻訳されたデータの機密性をいっさい保証していない点を強調しておきたい。それどころか、翻訳されたデータは機械翻訳システムに保存され、そこに残り続けるのである。ほとんどのシステムは、入力された文章も提案した翻訳も記録しており、過去の翻訳を検索できる翻訳メモリーとしてそれを活用している。したがって、機密性の

高いデータを翻訳する必要のある企業は、無料の製品を決して使ってはならない。そこで推奨されるのが、商用製品なのである。

◆ 商用製品

　無料の製品と並んで、多様な需要に応え、インターネット上で使われているさまざまな言語に対応する商用製品も数多く存在する。

　Systran や Promt といった企業が、機械翻訳のソリューションを販売しているほか、「既製」の機械翻訳ソリューションを謳っている企業も多い。なかには数百円ほどで利用できるものもあるが、こうしたシステムは適応性に欠けることが多く、翻訳の質もかなり怪しいことが多い。この程度の製品は、最近では無視できる存在と見なされており、無料の翻訳ツールがオンラインで利用できるようになっていく今後は、ますます存在意義を失なっていくだろう。

　それより広い市場ということになると、ウェブサイトに組み込める機械翻訳ソリューションの販売が関係してくる。Facebook と Twitter がメッセージの翻訳にまず Bing を利用し、Facebook が現在、独自の社内ソリューションを開発していることは、すでに説明したとおりである。

　統合ソフトウェア企業の大手はほぼすべて、ウェブサイトに組み込む機械翻訳ソリューションを提供している。たとえば IBM は、同社の IBM WebSphere プラットフォームのモジュールとして販売する独自の機械翻訳ソフトウェアを開発してきた。Oracle は Systran と契約している。ヨーロッパ特許庁は Google と協力しつつ、機械翻訳の技術向上をめざして他の特許局（特に中国の）とも契約を交わした。

　IBM のように世界的に名の知られた大手企業だけでなく、各言語の組み合わせで、対象を絞った商用製品を展開している企業もある。ロシアの Promt、アジアの CSLi など、地域的な企業がその地域限定の市場で優位を占めている場合もあれば、特定の希少言語や、さらに限定的な地域に特化した例も見られる。こうしたシステム、水準の差がかなり大きい。そのうえ、前章でも述べたように、性能は対訳パラレルコーパスと辞書が存在

しているかどうかによって大きく違ってくる。

　すでに述べたように、オンライン販売は、広告を貴重な収益源として見込めるものの、たいていは限界がある。機械翻訳の分野で従来のソフトウェア企業が得てきた収益のほとんどは、大手企業や大規模な行政機関を相手にしたものである。その意味で、防衛産業の存在はきわめて大きく、通信傍受（電話に加え、インターネットを介した）が一般的になるにつれてさらに大きくなっている。Systran の元 CEO、ディミトリ・サバタカキスは、フランスの雑誌のインタビューに応えて、諜報機関がなければ Systran も存在しないと語ったことがある[5]。実際、Systran の 1970 年代の収益は、アメリカ陸軍との間で交わした最初の契約によるものだった。Systran は今日でも、アメリカの各種防衛関連機関と大口契約を交わしており、それについては次章で述べることにする。

◆Systran のケース

　機械翻訳の分野で最も古く、よく知られている企業が Systran であることに、まず異論はないだろう（社名は、"system translation" の略に由来している）。1960 年代のはじめ頃ジョージタウン大学に在籍していたピーター・トーマによって、1968 年に創設された。当初の主要顧客は、アメリカ国内の防衛関連組織（空軍など）だったため、研究の対象は自然、ロシア語と英語という言語ペアだった。

　同社はある時期、欧州共同体と連携していたことでも知られている。最初のデモンストレーションは、欧州委員会の要請を受けて 1975 年に実施された。これがきっかけとなってデモンストレーション用の実機が要請され、それが 1981 年にブリュッセルに設置される。処理可能な言語の数は徐々に増えていき、この契約は Systran にとって定期的な収益源になっていった。だが 2003 年、欧州委員会が Systran と袂を分かとうとして入札の導入を決定したことから、両者の関係は悪化していった。Systran は著作権侵害（ソフトウェアおよび関連情報に関する）と、第三者に対する機密データ開示を根拠に欧州委員会を訴える。最終的にこの訴訟は、2010 年

に Systran の勝訴で幕を閉じている。

　この訴訟は、単なるエピソードではなく、翻訳システムの質が基本的にそこで使われるリソースに関係することを示す事例である。特に、言語学者が構築した辞書とルールに大きく依存しているシステムの場合はその関係が深い。Systran がまさにそのケースだった。機械翻訳の分野では、新しい需要に迅速に応えられることが不可欠であり、それはとりもなおさず、新しい言語や新しい専門分野を翻訳対象に追加できることを意味する。必ずしも大規模なコーパスが存在しなくてもいい。実際、Systran や Promt のような専門企業が提供しているシステムは、今でも辞書とトランスファー規則を利用するシステムが中心である（Systran の場合、統計的手法が発達する以前、1980 年代から 1990 年代にかけては特にそうだった）。Google 翻訳が成功すると、Systran はシステムに統計情報を取り込んで、「ハイブリッド」手法を開発する。だが、翻訳モデルの基本は従来のままであり、機械翻訳に参入している他の企業と並んでディープラーニングに力を入れるようになったのは、ごく最近である。どちらかというと古い手法を維持してきたわけだが、これにはトレーニング用のコーパスがなくても対訳辞書を開発でき、言語間のトランスファー規則も作成できるという利点がある。言語ペアによっては、ある言語のデータを再利用できる場合もあり、これはかなり大きい利点と言える。

　この話は、防衛関係の市場に関係してくる。Systran の元 CEO は、先にも引用したインタビューのなかで、2000 年における同社の収益のうち 4 分の 1 はアメリカの防衛産業に由来していたことを明らかにしている。フランスと韓国の翻訳市場も、同社にとって重要だった。ということは、2000 年の同社の収益は、半分以上が防衛ならびに諜報の市場だったと推定できる（アメリカ国内の防衛産業以外にも、Systran の事業が盛んだった防衛および諜報の市場はあったからである）。この市場では、コーパスが厳重に機密扱いされているので、トレーニングデータに接することはほとんどできない。しかも、軍事や諜報活動の世界は、データを開示しない一方で、システム自体には順応したいと考えるものなので、辞書と規則を扱うほう

が妥当ということになる。辞書に新しい単語を追加するのは簡単だが、統計システムを再トレーニングするのは複雑で大量の対訳データを必要とするし、そのデータが手に入らないこともあるからである。研究の世界では統計的手法が優勢であるにもかかわらず、商用システムの多くがいまだに従来の手法をベースにしており、手作業で対訳辞書を作成しているのも最大の理由はここにある。

◆世界市場

こうした戦略的な市場の重要性を受けて、電気通信分野の大手企業は、音声解析と機械翻訳の分野でチームの強化に動き始めた。最近では、企業の買収も繰り返されている。Systran は 2014 年、韓国企業の CSLi に買収され、CSLi は Samsung のコネクテッド機器（スマートフォン、タブレット、その他のデジタルガジェット）で使われる音声解析および翻訳のシステムを開発した。Facebook は、機械翻訳を専門とする複数の会社を買収し（たとえば、2013 年には音声メッセージ専門の Jibbigo を傘下に収めている）、Apple と Google も通信と情報技術の分野で新進企業を頻繁に買収している。とりわけ重要なのは、こうした大手企業が独自の機械翻訳ソリューションを開発しようとして、エンジニアや研究者（主として、機械学習と人工知能の分野の）を雇っていることである。また、各地で最高クラスの人材を集めるために、世界規模の研究センターも開設していることは注目に値する。

機械翻訳の新たな応用技術

機械翻訳市場の成長はめまぐるしい。この数年だけ見ても新しい応用技術が登場しており、なかでもモバイル機器関連はめざましい。特に話題になっているのが、会話の翻訳である（いわゆる、「音声間」翻訳で、ある言語の話者が、リアルタイムの自動翻訳を使って、違う言語の話者と会話できることをめざしている）。

◆ クロスランゲージ情報検索

　クロスランゲージ情報検索とは、他の言語で書かれた文書を利用できるようにすることを言う。特許の場合を考えてみよう。あるアイデアやプロセスがすでに特許を取得しているかどうか確認しようとするとき、企業は全世界を対象に徹底的な調査を実施しなければならない。そうなると、照会（必要な情報をキーワードで検索する）のときにも、照会で見つかった文書（必要な情報が載っている）を分析するときにも、言葉の壁を越えることが不可欠になってくるのである。

　クロスランゲージシステムは、ソース言語と異なるどんな言語でも文書を検索できるように、多言語使用の環境を管理し、特定の言語での照会に応答する。機械翻訳システムは、検索された文書の翻訳を利用者の言語で提供する。この分野については現在も広く研究が進められており、検索エンジンと機械翻訳システムとを組み合わせて、可能な限り正確な結果を得ることをめざしている。

　ここで大きな問題になるのが、照会するとき、必要な情報をどこまで表現できるか、そのレベルである。インターネット検索の場合はたいてい、1語か2語のキーワードを入力するだけなので、文脈が極端に限られ、キーワードの曖昧性を除去することができない。この問題を解決する方法のひとつが、検索キーワードに含まれる単語の曖昧性を判定し（辞書に基づく）、必要な場合には照会をさらに具体的に指示するよう利用者に依頼することである（効率的な形式が確立している場合には、これをインタラクティブに行う）。あるいは、検索条件に合った文書を直接提示し（曖昧性除去の段階は踏まない）、そのうえで必要な情報に応じて関連度を利用者自身に評価してもらう方法もある。次に、選択された文書を自動解析すれば、その解析結果から検索を絞り込み、ターゲット言語で結果の精度を上げられるようになる。このような研究をもとにした製品はいくつか開発されており、主に「法人組織の大口」（大規模な企業や行政機関）が使う商用ソリューションに組み入れられている。対象の分野によっては、効率上の理由から、専用の辞書が必要になるソリューションもある。

◆ 字幕の自動生成と自動翻訳

　自動字幕生成とは、番組や動画の音声から自動的に書き起こして文字を生成する機能である。単一言語の環境でも使用できるが、現在はこのシステムがリアルタイムで音声を翻訳する目的でも利用されている。自動字幕生成は、周囲がうるさい環境（鉄道の駅、空港など）で特に活用の場面が多いと想定され、すでに世界中のマスメディアで採用されている。このような応用技術には、聴覚障害者や、ソース言語を知らない人でもマスメディアを利用できるようになるという面もある。

　自動音声書き起こしの精度が上がって、こうした機能をまず単一言語の環境で利用できるようになった。そして今日では、自動字幕生成に使われる技術を機械翻訳と組み合わせて、さまざまな言語でリアルタイムに、しかもコストをかけずに字幕を表示できるようになっている。といっても、できあがった翻訳の質はまだまだ問題が多く、適切なソリューションが大規模に採用されるには至っていない。

◆ 多言語会話の直接翻訳

　自動音声翻訳は、情報技術系のほとんどの企業から大きなビジネスチャンスとして注目されている。たとえば、Microsoft 傘下の Skype は、その通信プラットフォームに組み込む試作機能を開発した。この傾向が現在はさらに広がっており、モバイルのメッセージアプリ WeChat も機械翻訳システムの導入を発表している。WeChat は、文字メッセージによる会話サービスとして最古参の部類だが、音声メッセージでの対話にも対応している。システムが十分な精度に達すれば、文字も音声も同じように自動翻訳される予定である。そして Google は、Google 翻訳のシステムの一部として、Android プラットフォームのモバイル機器に音声翻訳のアプリケーションを採用している。

　通信事業者は、全社がこの応用分野に取り組んでおり、直接翻訳を利用して、「システムの存在を感じさせない」多言語通話をめざしている。つまり、外国語話者が発信したとき、相手が別の言語を話していることを確

認すらせずに通話が成立するということである。ただし、このようなシステムの精度が、人間どうしで実際に会話をできるほどにまで、短期間で向上するとは考えにくい。音声書き起こしの精度は順調に上がっているものの、現在のエラー率で、そこに別の翻訳モジュールを組み合わせた場合、会話がまったく成り立たない恐れもあるからである。

アメリカで最大手の通信事業者 AT&T が開発した Watson[6] は、「音声間」翻訳、つまり同時翻訳によってリアルタイムの多言語対話を可能にするアプリケーションのプロジェクトである。前述したアプリケーションと比べると Watson のほうが、うまく機能することに成功しているようである。ただし実際には、人と人の会話だけでなく、音声によるインタラクティブサービスを AT&T は意図している。同社がもつ情報の大規模なデータベースへのアクセスを管理することが目的なので、このシステムの翻訳はきわめて限定されている。質問（ある言語で表される）を理解したうえで、回答（たとえば、電話番号）を、話者の言語で返すという形である。人間どうしでどんな話題でも成り立つ多言語会話というより、短期的にはこのような問答のほうが現実的だろう。

◆スマートフォンとコネクテッド機器

新しい技術と新しい応用分野が、現在の機械翻訳では中心的な役割を果たしている。「音声間」翻訳にしても、スマートフォンの発達を抜きに語ることはできない。ここまでに見てきた応用技術のほとんどは、現在スマートフォン上で（アプリとして）利用できるものである。電話で、多言語会話を直接交わすことはまだ実際にはできないとしても——。現実的な理由から、現在スマートフォンのアプリで成立するのは、たとえば同じ部屋にいる人どうしの会話のなかで、いくつかの文の直接翻訳を生成する程度にすぎない。だがもちろん、最終的な目標はスマートフォンを介した遠距離会話で直接の翻訳を実現することである。

こうしたアプリケーションの開発では、最新スマートフォンのあらゆる機能が駆使される。実際の例をひとつあげると、あるアプリではレストラ

ンのメニューを撮影すると、その翻訳が瞬時で表示される（その料理がおいしいかどうかまでは判定してくれないが）。このアプリひとつからでも、複数の研究分野が結集した成果を見てとれる。画像解析（撮影した画像から文字の部分を識別して抽出する）、自動の文字認識、そして機械翻訳である。

多言語の音声処理をはじめとする新しい応用技術を支える機能を果たしているのが、インターネットに常時接続する機器（腕時計や眼鏡）である。日本の企業 NTT ドコモは、機械翻訳の機能を組み込んで視覚情報を強化する「スマート眼鏡」のモデルを発表している。日本語の文章に目を向けるだけで、英語の翻訳が表示されるのである。発表されたのはまだ試作機の段階で、精度も確実性もまだ検証前だったが、こうした例を見れば、文字と音声のどちらでも応用範囲は広いことが分かる。

最近では、このような機器に対する一般消費者の関心は薄れているようだが、その理由は価格が高いことと、応用技術として位置付けが定まっていないことにある。Google グラスも、マスメディアで大々的に注目されたが、消費者の関心が盛り上がらず、市場から撤退している。だが、手を空けておく必要がある専門職、特に保守作業など（原子力、航空、コンピューター科学といった分野における）では、こうした機器に将来性があることは間違いない。ほかにも、医療分野や営業での応用、文化的な用途（たとえば、拡張現実（AR）の機器を使って博物館を訪問する用途なども考えられる）といった用途などの可能性が広がっている。

翻訳支援ツール

2000 年代に入ると、機械翻訳に対する関心は再び高まったが、翻訳支援ツールは遅れをとっていた。今では、各社から効率的な専用ツールが提供されており、なかでも「翻訳メモリー」つまり過去の翻訳から訳例を探せるデータベースが出そろっている。翻訳メモリーの利用は増加する傾向にあり、ときには翻訳の一貫性を保つために翻訳会社から指定される場合さえある。

統計的機械翻訳システムは、大規模な対訳コーパスに基づいているが、コーパスも巨大な翻訳メモリーと見なすことができる。といっても、この類比はある程度までしか通用しない。翻訳者の仕事は、自動システムの動作とはまったくかけ離れているからである。

　一方、機械翻訳ツールは最近になって長足の進歩をとげているが、翻訳者の仕事を支援できるのかどうかという問題がある。ほとんどのツールは、単に断片的な翻訳ではなく、文単位で翻訳を示してくるので、後からできることといえば、その翻訳をポストエディットして最終的な質を上げることくらいしかない。この手法で得られる翻訳の質はさまざまで、一概に論じるのは難しい。翻訳者が短時間で効率的に編集できるためには、機械翻訳で出力される翻訳の質が高くなければならない。この手法が成り立つのは、対象の分野に応じてシステムがチューニングされており、その分野で定番の用語集や表現集がそろっている場合に限られる。そのいい例が、カナダ環境省のために開発されたシステムだろう。対象はきわめて具体的な分野（天気予報）であり、しかも特定の情報（各都市の気温の一覧など）が、定型的な文章のなかにだけ出現するからである。この場合、ポストエディットは最小限で済む。それと比べると、標準的な機械翻訳ツールを使った技術文章の翻訳などは取り返しのつかない結果になる恐れもある。

　なかには、文書の要点だけ分かる程度の翻訳を出力する機械翻訳システムもある。そこまで質が低い翻訳となると、状況によっては事足りるのかもしれないが、翻訳者にとってはもちろん不十分ということになる。提案された翻訳の断片が再利用できないことも多い。そうなると、文を完全に訳し直すことになり、自動システムがまったくのムダに終わる。したがって、プロフェッショナルの翻訳者はたいてい、今までどおりの翻訳プロセスを好む。そのほうが結局は機械翻訳を利用するより速いからである。欧州委員会は機械翻訳に莫大な予算をつぎ込んだが、それでも機械翻訳で生成される翻訳は全体の5％にすぎないという事実も思い出すべきだろう。このように、機械翻訳はいまだに、実際の産業や行政の現場では実用からほど遠いのである。

このような現状にもかかわらず、機械翻訳のポストエディットは最近、本格的な研究の対象として注目されるようになった。このテーマひとつをめぐって今でも会議が開かれており、ポストエディットの科学的および経済的な可能性が示されている。その関心のあり方には、ふたつの目的がある。ひとつは翻訳者の生産性を上げることで、効率的なシステムと方針を前提に、機械翻訳ツールの出力を最大限に活用しようとする。もうひとつは機械翻訳システムそのものの精度を上げることで、エンドユーザーからのフィードバックを動的に再利用してシステムそのものを進化させ、今後の翻訳精度を高めていこうとする。

　このように標準的な機械翻訳ツールを使う実験的な試みを別にすれば、翻訳支援ツールについて今日ではおおよそのコンセンサスが得られている。翻訳支援ツールは、文レベルで単独の訳文を提示するのではなく、翻訳の断片を示して翻訳者がそこから選べるようにすべきである、という考え方である。トロヤンスキーの翻訳支援環境（第4章を参照）は、その点で今から見ても明敏な発明だと言えるが、これも十分には研究されていない。あるいは、バー＝ヒレルの提言や、1966年のALPACレポートを思い出してもいい。質の高い機械翻訳というのは幻想にすぎず、少なくともまだしばらくは届かぬ目標であるとされていた。当面の間、翻訳者は手持ちのツール（標準の商用機械翻訳システムではなく）を使って各自の生産性と翻訳の質、そして翻訳全体の均一性を上げるよう努力しなければならない。

　これは実際、難しい問題である。翻訳者にとって本当に役に立つものは何なのか、誰も正確には分かっていないからである。翻訳メモリーは、翻訳の文脈に即して適切な文章の断片を示してくれるので、それを充実させるのが最も容易な道かもしれない。だが、一見すると妥当そうに見えるこの道も、提示される翻訳の断片を更新し続けていくとアプリケーションの動作が相対的に遅くなり、翻訳者にとって負担になるという別の問題を抱えている。それでも、翻訳メモリーは広く利用されており、プロの翻訳者が作業環境で用いる主要なアプリケーションであり続けているのである。

第 **15** 章

結論として：機械翻訳の未来

Conclusion: The Future of Machine Translation

◆　◆　◆

　本書ではここまで、機械翻訳の進化を概観してきた。まず、初めて実験が行われた 1950 年代から今日までの機械翻訳の歴史を振り返った。現在のシステムは実用レベルになっており、インターネット上でも無料で利用できる。また、機械翻訳システムそれぞれの主な特徴についても見てきた。辞書とトランスファー規則に基づくシステム、大規模なコーパスの統計解析に基づくシステム、最後にはディープラーニングに基づく最新の手法についても説明した。ディープラーニングの手法はかなり有望視されており、技術的および認知科学的な観点からも大きく注目されている。だが、ここではまず、商業上の課題について考えてみよう。

商業上の課題

　すでに述べたように、機械翻訳は 1990 年代に入って以降、大きな変革をとげてきた。それはちょうど、膨大な量のバイリンガルテキストをオンラインで直接、しかも自由に使えるようになった時期と重なる。同じ時期に発達したインターネットが果たした役割も大きい。一般の人も、メールやブログ、ソーシャルネットワークを通じて世界中でコミュニケーションを交わすようになり、言葉が違っていても、いちいち言語を学ばずにコミュ

ニケーションを成り立たせる手段が必要になったからである。1990年代に復権した機械翻訳は、特に電気通信と情報技術の分野で、商業的にも営業戦略的にも支持された。

一方、本書では機械翻訳の応用分野についても紹介してきた。業界の巨人 Google や Microsoft が開発し、インターネット上で無料で利用できる翻訳ツールはすでによく知られている。多極化した多言語の世界にあって、機械翻訳の技術を使いこなすことは、グローバルな展開を狙うインターネット企業や電気通信企業にとって必須の条件である。機械翻訳は近い将来、多言語でのリアルタイム通信や特許データベースへの多言語アクセスなど、大きな可能性を秘めた多くの商品の実現の鍵になる。こうした使い方が、今後は大きな収益につながるだろう。

もうひとつの用途は、無料ツールほど一般的ではないかもしれない。専門企業が提供しているプロフェッショナル向けの商用翻訳ソリューションである。商用のソリューションは高性能で適応性が高く、個別のサービスとあわせて販売されることが多い（特に多いのが、専門辞書を開発する、あるいは要求に応じて新しい言語を統合するといったサービスである）。このような商品の主な顧客は大企業や行政機関で、なかでも軍事および諜報の分野が盛んだ。適応性の高さも重要な要素で、ソリューションプロバイダーは新しい分野や新しい言語についても正確な翻訳を短期間で提供できることが最重要になっている。このフレームワークでは、顧客が自分たちでリソースを開発できることを求める場合も多い。翻訳対象のデータが機密情報に当たる場合などである。

通信ネットワークが発達してモバイルインターネットが登場し、電子機器が小型化したことで、会話を直接翻訳できる音声アプリケーションの需要も目立っている。音声処理は、この何十年か重点的に研究が進んできた分野であり、その性能はすでに許容できるレベルになってきた。それでもこの分野がまだ難航しているのは、音声認識だけでなく機械翻訳も同時にリアルタイムで実行しなければならないからである。しかも、エラーは積み重なっていく。つまり、ある単語が音声認識システムで正しく解析され

なければ、翻訳も正しくならない。常時接続のツールを生産している大手（Apple、Google、Microsoft、Samsung をはじめとする各社）は独自のソリューションを開発するかたわら、専門技術をもつ新進企業をたびたび買収している。技術面で他社に先んじ、将来的に収益源になるかもしれない新しい機能を提唱していかなければならないからだ。

　今後は、新しい種類の機器に機械翻訳のモジュールが組み込まれるようになるだろう。第 14 章で見たとおりである。Microsoft はすでに、多言語会話のライブデモを行っており、音声翻訳の機能を Skype に取り入れている。Google、Samsung、Apple はスマートフォン用の音声認識アプリケーションを開発しており、さらにはスマート眼鏡のような構想まである。こうしたガジェットが日常生活で実際に使われるようになるのかどうかはまだ定かではないが、航空産業や原子力産業における複雑なシステムの保守など限定的な専門分野にとっては注目度が高い。そうした産業の技術者は、手を使わずに対話する必要があるからだ。今後も、商業的な課題によって、さらに強力で正確なシステムをめざす研究は進められるだろう。

　私たちは、多言語の世界に生きている。だが、機械翻訳（および自然言語処理の分野全体）に関しては言語の優位性という問題が解消されていない。この分野も、経済的・政治的な要因からは離れられないからである。インターネット上で利用できるシステムは、何十という言語に翻訳できると公式には謳っているものの、特にソース言語やターゲット言語が英語でない場合、翻訳の質はかなりお粗末なことが多い。現在、インドヨーロッパ語（英語、ロシア語、フランス語、ドイツ語など）を除くと、熱心な研究は一部の言語（アラビア語や中国語）に集中している。これも、話者がきわめて多い言語であり、潜在的な経済力が大きいという理由からだ。希少言語を扱う研究プロジェクトも見られるものの、あくでも副次的であり、その翻訳の質は一定の水準を超えていない。希少言語の処理が研究テーマとして大きく注目されるのは、経済的な関心が大きな動機ではない場合に限られるのである。

機械翻訳に対する認知科学的に健全なアプローチ

　ここまでの道程のしめくくりとして、認知科学的な問題について述べておきたい。機械翻訳の分野を積極的に推し進めている研究者は、往々にして認知科学的な問題を扱おうとせず、人間の翻訳のしかたと比較した例も多くはない。人工知能の分野は、人間の思考や判断のしかたとは何の関係もないシステムと関連付けられて、過去あまりにも壮大に誇張されてきたという苦い経緯がある。それを踏まえれば、技術的な問題にだけ限定し、人間の行動との比較をひとまず度外視するというのは、無理からぬことかもしれない。まして、私たちはそもそも、人間の脳のはたらきについてよく分かっていないのだから。

　それでも、この章で認知科学的な問題について一考することは、意味があるかもしれない。機械翻訳という分野の発展は、認知に関する観点からも重要な意味をもつはずだからである。機械翻訳の最初のシステムは辞書とルールを利用し、適切な翻訳を生成するにはソース言語とターゲット言語におけるあらゆる知識をコード化する必要があるという前提に立っていた。このアプローチがおおむね失敗に終わったのは、情報が多くの場合は部分的、ときには矛盾していることがあり、その知識は文脈しだいで曖昧だからである。さらに、そもそも知識とは何か、どこからどこまでを言うのか誰も分かっていない。言い換えれば、機械翻訳のために効率的なルールのシステムを開発しても、人間が効率的な翻訳を実行することはできないということになる。翻訳という作業はおそらく無限であり、実際に何をコード化すればいいのかが明確ではないからである。

　続く統計的機械翻訳は、良い解決策のように思えた。相当数の単語と言い回しについて、文脈を伴う複雑な表現を効率的に計算できるからである。これと同じことを、おそらく人間の脳はかなり違う形で、しかもはるかに効率的にこなしている。第2章では、どんな言語も曖昧性に満ちていることを示した（"the bank of a river 川岸" にも "the bank that lends money お金を貸す銀行" にも "bank" が使われる、など）。人間は、こうした曖昧性に

戸惑ったりしない。たいていは、ほかの可能性を考えるまでもなく、文脈から正しい意味を選択する。"I went to the bank to negotiate a mortgage ローンの相談で bank に行った" と言った場合、"bank" という単語が「銀行」を意味することは明らかで、"bank" にもうひとつの意味があるという事実をほとんどの人は意識もしない。コンピューターはあらゆるオプションを考慮しなければならないが、統計的機械翻訳では少なくとも、使われている文脈に基づいて語の意味を決める効率的な手法が確立しており、そこが注目に値するのである。

また、逐語的な手法に基づく最初期のシステムから、セグメントベースの手法へと急速に進化する過程も見てきた。つまり、処理対象となるテキスト列が徐々に長くなり、翻訳の質も向上したということである。そして、ディープラーニング（深層学習）に基づく新しい世代のシステムは、1つの文全体を基本的な翻訳単位としてとらえることで、それまでの手法の限界に対して有効な解決策を示している。この手法では、文における単語どうしについて、あらゆる関係を考慮するという点も解説した。つまり、この翻訳プロセスでは構造に関する情報（ある種の構文）も加味されるということである。こうした情報がすべて、独自の学習プロセスに同時に埋め込まれて処理されるので、各種の複雑なモジュールを統合する手間もなければ、解析エラーの影響が波及する恐れもない。この点が、それまでのほとんどのシステムとは大きく異なっている。ただし、エラーがニューラルネットワークに侵入することはありえる。ニューラルネットワークを使うだけで、あらゆる問題が魔法のように解決されるわけでないことは、言うまでもないのである。

実際、ディープラーニングのシステムも重要な限界に直面しており、第12章で述べたように、研究上の課題も山積している（未知の単語、長い文、最適化の問題など）。完璧な機械翻訳システムの実現はまだ遠いが、それでも、最高性能のシステムはすでに文レベルを直接扱っており、人の手によって定義される構文情報や意味情報は限定的に利用するだけになってきた。そのうえで、トレーニングに用いた大量のデータに基づいて、瞬時に翻訳

を生成していることは、やはり注目に値する。ディープラーニングシステムは、人間の言語がもつ特徴を反映しているように見える。たとえば、幼児は文法規則という目に見える形ではなく、言語に接することで言語を習得していく。またその過程には、単語の分布と言語的な複雑さも関係する。つまり、使われる頻度が高い単語ほど先に学習するし、簡単な構文規則ほど習得が早い、したがって翻訳も容易だということである。ニューラルネットワークがどのように機能するのか、どんな情報が効果的に使われるのか、そのアーキテクチャが最終的な結果にどう影響するのか、といったことはまだ完全には明らかになっていない。だが、それが人間の言語の基本機能と、おもしろい類似性を示していることは明らかだ。

　すでに述べたように、ディープラーニング機械翻訳は、まだ始まったばかりである。システムの質が上がり、プロフェッショナルな場面でさらに広く使われるようになっていけば、急速な進歩が期待できるかもしれない。もちろん、自動システムが人間の翻訳に取って代わるということはない。そのようなことは、目標でもないし、望ましい結果とも言えない。それでも、億単位の人々が、これまでは理解できなかった情報を利用できるようになる、その支えにはなるだろう。デジタルによるコミュニケーションは発展し続けており、機械翻訳の研究も進んでいる。遠からず、異なる言語を話す者どうしがスマートフォンで自由に会話できるようになるという未来が訪れることは想像に難くない。その次には、耳に小さい装置を入れるだけで、どんな言語でも理解できる、そんな日も来るかもしれない。ダグラス・アダムスが描いた「バベルフィッシュ」が、絵空事ではなくなる日だ。その装置が魚ということはないにしても――。

原注

第 1 章

1. 『銀河ヒッチハイク・ガイド』は、もともとラジオでコメディドラマとして放送され（1978年）、のちにコミックス、小説、テレビシリーズ、舞台などに脚色され、映画にもなった。
2. 「バベルフィッシュ（Babel Fish）」という名前は、1990年代後半にウェブで人気のあった機械翻訳システムにも使われていた。
3. アラン・チューリングは、イギリスの数学者、論理学者、コンピューター科学者。コンピューター科学の発展に大きく貢献し、その生涯は最近『イミテーション・ゲーム／エニグマと天才数学者の秘密』という映画（2014年）で有名になった。

第 2 章

1. ただし、ごく最近はこの分野がディープラーニングによって大幅に進歩していることに注意されたい。断片的な単語のまとまりを翻訳することは避け、文全体を直接処理するようになってきている。
2. https://wordnet.princeton.edu
3. 広告は、曖昧性やダブルミーニングで遊んでいることが多い。たとえば、"Trust Sleepy's, for the rest of your life" というキャッチコピーがある。"rest" は睡眠という行為を表すと同時に、人生の「残り」も意味している。すぐにはダブルミーニングに気づかない人も多いが、それは人間が一方の解釈だけを選ぶ性向をもち、ほかに解釈があるとは考えてもみないからである。

第 4 章

1. このテーマは、デカルトとメルセンヌの往復書簡で論じられ、デカルトは問題点を指摘しつつ、こうした発明で得られる利点もあげている。
2. Hutchins 1986、第2章（"Precursors and pioneers"）
3. Zur mechanischen Sprachubersetzung: ein Programmierung Versuch aus dem Jahre 1661.

第 5 章

1. ウィーバーがウィーナーに宛てた書簡。1947年3月4日。
2. ウィーバーの書簡に対するウィーナーの返信。1947年4月30日。
3. ウィーバーはロックフェラー財団に勤務しており、新しい研究プロジェクトの立ち上げを任されていた。
4. 「したがって、中国語からアラビア語へ、あるいはロシア語からポルトガル語へ翻訳するというプロセスは、塔の上どうしで相手に向かって叫ぶような直接のルートを試みることではないと言えるだろう。考えられるのは、言語という塔から、人間のコミュニケーション ── 実在するが、まだ見つかっていない普遍言語 ── という共通の基盤まで下りて、

それからまた、いずれか都合のいいルートで塔を上ることだ」（Weaver,『Translation』, 1955, p.23）

5. また、"bank" が名詞にも動詞にもなるように、ほとんどの単語が複数のカテゴリーに分類できるという点も、自動システムにとっては厄介である。ある文を正しく解析するには、最低でも本動詞を正しく認識できなければならない。文全体の構造を決めるのは動詞だからである。だが、それだけのことすら、コンピューターには容易ではない。

6. 翻訳メモリーとは、翻訳者がすぐに等価を見つけて常に一貫した翻訳ができるように、過去に翻訳した文章の断片を格納したデータベースのこと。

7. 「現在のモデルは（中略）粗雑にすぎ、もっと精巧、かつ言語構造に適したモデルに置き換えねばならない」（Bar-Hillel 1959, Annex II, p.8）

第6章

1. 具体的には、国防総省、全米科学財団、中央情報局（CIA）。

2. https://www.nap.edu/openbook.php?record_id=9547 など。

3. 「科学者が自分の専門分野でロシア語の資料を読むだけであれば、必要な読解力は 200 時間もあれば身につくことが、有名な研究でも示されている」（ALPAC Report, 1996, p.5）

4. 「この意味で、科学的な文章全般の機械翻訳はこれまで登場していないし、近いうちに登場する目処も立っていない」（ALPAC Report, 1996, p.19）

5. 「人間の言語の構造を、ひいてはコンピューターのプログラミングに使われるような人工言語の構造をもっと理解したいと考えている人々にとっては、過去 10 年に積み重ねられた広大な進歩に納得できる部分は多いかもしれないし、将来的に明るい要素もいろいろあるだろう」（Oettinger 1963, p.27）

第7章

1. マーサーは、IBM の研究チームに属していた研究者であり、統計的機械翻訳の基礎を築いた。第 9 章を参照。

第8章

1. これは、マーカー仮説として知られている（Green 1979）。

第11章

1. この話の初出は、機械翻訳を批判した 1960 年代はじめの新聞記事だったが、実際の翻訳システムで出力された結果ではない。当時のシステムは、きわめて限定的な辞書しか使えなかったので、この種のエラーにはならなかったからだ。実際に問題だったのはこのような精度ではなく、通用範囲の狭さだったのである。

2. https://fkaplan.wordpress.com/2014/11/15/

3. たとえば、ケン・チャーチの論文『A pendulum swung too far（振れすぎた振子）』を参照。言語のもっと根本的な本質は本来、深い分析が必要なはずだが、それを探る研究は、1990 年代以降に統計的手法が有力視されたことで大幅に立ち後れている。

第12章

1. いずれにしても、実際にこうした処理がされている。となると、問題になるのは、人によって生成される統語構造より、コンピューターによって推論された構造のほうが理にかなっているのかどうかである。

第13章

1. 高等研究計画局（ARPA）は、アメリカ国内で新しい技術の開発を担う機関で、1958年に設立された。名称は何度か変更されたが、1972年に改称されてからはDARPA（Dは「Defense 国防」の意）の名で最もよく知られている（1993年から1996年の一時期を除く）。

2. ここには、少し矛盾がある。システムが最初からユーザーとのやり取りを必要とする前提で設計されているのであれば、完全に自動生成の翻訳を評価することは無意味になりかねない。評価すべきなのは、あくまでも適切な翻訳要素を生成するシステムの能力なのである。

第14章

1. データはオンラインで閲覧できる（2016年5月20日時点）。http://ec.europa.eu/dgs/translation/faq/index_en.htm#faq_4 を参照。

2. その他はごく少量で、ポストエディットや要約訳などがこれに該当する。

3. Moses は、統計的機械翻訳の主要なアルゴリズムを実装した、オープンソースの機械翻訳システムである。各種の IBM モデルを実装した Giza++ など、他のツールも取り込んでおり、ほかにも数多くのアルゴリズムが利用されている。Moses は無料で利用できる（http://www.statmt.org/moses/）。

4. http://www.hutchinsweb.me.uk/Compendium-16.pdf（2014年9月15日時点）。

5. フランスの雑誌『ル・ポワン』に、2013年9月に掲載された記事（http://www.lepoint.fr/editos-du-point/jean-guisnel/dimitris-sabatakakis-systran-n-existerait-pas-sans-les-agences-de-renseignements-americaines-18-09-2013-1732865_53.php）。

6. http://www.research.att.com/projects/WATSON/ を参照（リンク切れ）。

用語集

FAHQT
"Fully Automated High-Quality Translation 完全自動の高品質な翻訳" の略。
FAHQMT という言い方もあり、こちらは "Fully Automated High-Quality Machine
Translation 完全自動の高品質な機械翻訳" の略である。

曖昧性（ambiguity）
異なる意味をもつ単語（または、その他の言語単位）。たとえば、"bank" は金融機関
と川岸の両方を意味する。曖昧性は言語のいたるところにあり、自然言語処理で考えな
ければならない大きな問題のひとつである。

意味解析器（semantic analyzer）
意味表現を求めるための自動ツール。「意味論」を参照。

意味論（semantics）
各言語単位（単語、句、文、さらには段落や文章など高次の単位まで）の意味を解析す
ること。

活用（conjugation）
動詞が形を変えること。「屈折」を動詞の場合についてこう呼ぶ。

慣用句（frozen expression）→「成句」を参照。

句（phrase）
文中の半自律的な単語のまとまり。名詞句（"a cat"）、動詞句（"to go shopping"）な
どがある。句を半自律的と表現するのは、それ自体では完全文を成さないが、自律的な
意味と結び付けられるからである（この点で、"cat goes to" のような連続とは異なる）。

屈折（inflection）
ある単語が、文中での文法的な機能に基づいて変化すること。「屈折」という用語は、
名詞と形容詞について使われ、動詞の場合は「活用 conjugation」という用語を使うの
ことも多いが、どちらも語形の変化を表すという基本は変わらない。その変化が多い言

語ほど「形態論的に複雑 morphologically complex」であると言われる。形態論的な面から言うと、英語は他の多くの言語より単純である。

適合率（precision）
取得される「情報のかたまり」（単語、単語列、文書など）のうち、クエリーやタスクに関係のあるものの比率のこと。

形態素（morpheme）
単語の各部。「形態論」を参照。

形態素解析器（morphological analyzer）
単語の構造を自動的に計算するツールのこと。「形態論」を参照。

形態統語論（morphosyntax）→「品詞タグ付けツール」を参照。

形態論（morphology）
単語の構造を解析する分野。原則として、単語は語幹と、接頭辞、接尾辞から成る（接頭辞、接尾辞はない場合もある）。たとえば、"deconstruction" という名詞では、"de-" が接頭辞、"-tion" が接尾辞となる。語幹は、"construct" だが、"-struct" と考えることもできる。"con-" もさらに接頭辞と見なせるからである。単語の各部分（語幹、接頭辞、接尾辞）のことを形態素と呼ぶ。

軽動詞（light verb）
ある文脈の中で使われ、意味的な内容をもたない動詞。特に、"to take a shower シャワーを浴びる" のように複合的な動詞表現における動詞を言う（文字どおり何かを "take 取る" わけではない）。

膠着語（agglutinative language）
文法情報のほとんどが、単語に付加される接尾辞によって表される言語のこと。膠着語は、形態論的に複雑であり、正確な処理には効率的な形態素解析器が必要となる。

構文解析器、パーサー（syntactic analyzer、parser）
言語単位の統語表現を求めるための自動ツール。「統語、構文」を参照。

語義（word sense）
単語のさまざま意味。語義の数は、辞書における1つの単語の見出し数に対応する。

再現率（recall）
取得される「情報のかたまり」（単語、単語列、文書など）のうち、クエリーやタスクに関係があって、実際に取得されるものの比率。

生起（occurrence）
コーパスに、ある単語が存在すること。文章における単語の生起数とは、その文章でその単語が使われた回数のことを言う。

成句（idiom）
個々の単語の語義が、全体の意味にほとんどつながらない複合的な表現。たとえば、"kick the bucket" は「くたばる」の意味であって、文字どおり「バケツ」を「蹴とばす」わけではない。

接頭辞（prefix）、**接尾辞**（suffix）→「形態論」を参照。

中間言語（interlingua）
ある文の意味的な内容を、言語に依存しない形式で表現したもの。

同源語、同族語（cognate）
異なる言語間で類似の形や意味をもつという関係の語。固有名詞は厳密に同源語と言える場合が多い。たとえば、"Paris" が英語でもフランス語でも同じ都市（パリ）を指すのに対して、"London" と "Londres" は、形こそ同じではないが同じ都市（ロンドン）を指すので厳密に同源語である。しかし、フランス語の "achèvement" は英語の "achievement" は厳密に同源語とは言えない。語源的には関係があるものの、今日では意味が異なる（フランス語の "achèvement" は英語の "completion 完了" に当たる）からである。このような関係にある語を「偽りの同源語」と呼ぶ。

統語、構文（syntax）
単語のまとまり、通常は文の構造のこと。統合解析の結果は一般的にツリー状になり、あらゆることが主動詞によって決まる。

統語構造（syntactic structure）
単語群について、その相互の文法的機能を表す構造。

トランスファー（変換）**規則**（transfer rule）
ルールベースの機械翻訳システムにおいて、ソース言語の言語構造をターゲット言語でどのように表現するかを定式化する規則。トランスファー規則によって、構文が処理される。

パーサー（parser）→「構文解析器」を参照。

表層形式、語形（surface form、word form）
文章中に生起する単語の形。表層形式を正しく解析する（異なる形態素を認識して、語形を正しい見出し語形に結び付ける）には、全面的に形態論を利用することになる。英語では、形態論的な複雑さがそれほどではないため、この作業も比較的簡単に済む。

"dancing"、"dances"、"danced"は、"to dance"から容易に認識できる形だからである。言語学的に言うと、フランス語のほうが英語より形態論的に複雑（見出し語あたりの表層形式が、英語より多い）であり、フィンランド語はさらに複雑とされる。フィンランド語は膠着語のため、見出し語形ひとつあたりの語形の数は理論上ほぼ無限になるからである。

品詞（形態統語）タグ付けツール（part-of-speech (or morphosyntax) tagger）
文脈における単語に品詞タグを割り当てる自動ツールのこと。ほとんどの単語は曖昧性があるため、この作業は難しい（たとえば、英語の"fly"には名詞も動詞もある）。

品詞タグ（part-of-speech tag）
単語のカテゴリー（名詞、動詞、形容詞など）。英語では、品詞を10前後に分けるのが一般的だが、品詞の分類は言語によって異なる。

複合語（compound）
複数の形態素で構成され、通常は個々の構成要素の意味があまり維持されていない単語のこと。たとえば"round table"は事柄を表すのが普通で、文字どおりの「円卓」は表さない。このように複合語が単語で構成される場合を、「複単語表現（multiword expression）」と呼ぶ。一方、連結した形態素が最終的に1つの単語になる場合を「solid compound」といい、"football"や"blackboard"などがある。

不明瞭、不明瞭さ（vague, vagueness）
言語が完全に明瞭であることは決してなく、もっと明瞭になりうる余地を常に残しているということ。不明瞭さは、言語のいたるところに見られ、さまざまな概念を含んでいる。たとえば、"to be bald むき出し"のように不明瞭な概念、"to be good 悪い"のように抽象的な概念、色のように言語ごとに異なる概念などがある。

文法機能（grammatical function）
文における単語の役割のこと（主語、目的語など）。

見出し、辞書の見出し（entry, dictionary entry）
辞書で、項目として載っている単語のこと。ある単語に複数の意味がある（つまり、曖昧である）場合には、見出しも複数になるのが一般的（意味ごとに1つの見出し）。

見出し語形、レンマ（lemma）
辞書に収録される、単語の基本形のこと（たとえば、"walking"ではなく"walk"）。

レンマタイザー（lemmatizer）
文章中の各単語の見出し語形（レンマ）を求めるための自動ツール。表層形式に対応するレンマが複数考えられる場合には処理が不明瞭になり、局所的な文脈に従って曖昧性除去が必要になる。

参考文献と関連図書

この「参考文献と関連図書」には、本書の限られた内容以上の詳細を知りたい方のために、参考となる文献と関連図書を示した。もちろん、あらゆる資料を網羅するにはほど遠いが、そんなことは、いずれにしても不可能だ。機械翻訳に関しては、連日のように新しい本が出版されているからである。ここに示す参考情報は、機械翻訳のさまざまな観点を詳しく探るためにひもとく主な文献図書にすぎない。また、以下の各章でも、それぞれのトピックごとの参考文献をあげている。

機械翻訳の歴史的な側面に関しては、ジョン・ハッチンスの徹底した研究によって十分に文献がそろっている。だが、それ以外の側面を探るのは難しい。量が膨大で、きわめて専門性が高い（特に、研究が現在も継続中の場合）、または希少ですぐ古くなってしまう（たとえば、機械翻訳の商業的な側面に関連する問題などは）からである。

歴史的な側面については、ジョン・ハッチンスのウェブサイトに詳しい（http://www.hutchinsweb.me.uk）。ハッチンスには、機械翻訳に関して主に 3 つの著作がある。

John Hutchins (1986). *Machine Translation*: *Past, Present, Future. Series in Computers and Their Applications*. Chichester, UK: Ellis Horwood.

John Hutchins and Harold L. Somers (1992). *An Introduction to Machine Translation*. London: Academic Press.

John Hutchins (ed.) (2000). *Early Years in Machine Translation*: *Memoirs and Biographies of Pioneers*. Amsterdam: John Benjamins.

このうち 1992 年の著書はハロルド・ソマーズとの共著で、刊行から時間がたった今もなお興味深い。他の 2 冊も、機械翻訳の歴史に関心がある場合には必読である。1986 年の著書では、1980 年代前半までにこの分野に関わった主な研究グループが紹介されており、各研究グループが用いた主要なシステムと手法も説明されている。2000 年の著書は、その後の歴史的な逸話、個人の物語、そして機械翻訳の中心人物たちによる直接の体験談を集めたものだ。

ジョン・ハッチンスによる他の著書も、簡単ながら信頼のおける内容で、概要を把握するには適している。ここではひとつだけあげておく。

John Hutchins (2010). "Machine translation: A concise history." *Journal of Translation Studies* 13 (1–2): 29–70. Special issue: The teaching of computer-aided translation, ed. Chan Sin Wai.

コーパスのアラインメントと統計的機械翻訳の手法については、次の著作が、専門性は高いが重要である。

Philipp Koehn (2009). *Statistical Machine Translation*. Cambridge: Cambridge University Press.

Jorg Tiedemann (2011). *Bitext Alignment*. San Rafael, CA: Morgan and Claypool Publishers.

自然言語処理の全般については、以下のような良質な概論がある。

Dan Jurafsky and James H. Martin (2016). *Speech and Language Processing* (3rd ed. draft). Available online: https://web.stanford.edu/~jurafsky/slp3/.

これ以降の各章についても、章ごとのトピックについて詳しく知りたい読者のために参考文献をあげておく。本書を執筆するに当たって参考にした文献でもある。

第2章　翻訳をめぐる諸問題

翻訳の諸問題を扱った出版物は膨大なので、すべてをここで紹介することはできない。類書が多数あるなかでも特に、デイヴィッド・ベロスの近著は、娯楽としても読める心引かれる1冊である。

David Bellos (2011). *Is That a Fish in Your Ear? Translation and the Meaning of Everything.* London: Penguin/Particular Books.

Adam Kilgarriff (2006). "Word senses." In *Word Sense Disambiguation: Algorithms and Applications* (E. Agirre and P. Edmonds, eds.). Dordrecht: Springer.

第3章　機械翻訳の歴史の概要

この章では、機械翻訳の概要をまとめている。よって、「参考文献と関連図書」の冒頭にあげた文献を参照されたい。

第4章　コンピューター登場以前

汎用言語に関する文献は膨大だが、ウンベルト・エーコによる概論は入手が容易で、愉しく読めるだろう。アルトゥルーニーとトロヤンスキーについて英語で書かれた文献としては、ハッチンスがこのふたりを取り上げた論文がある。

René Descartes (1991). *The Philosophical Writings of Descartes. Volume 3: The Correspondence.* Cambridge: Cambridge University Press.

Umberto Eco (1997). *The Search for the Perfect Language.* Oxford: Wiley.〔ウンベルト・エーコ著，上村忠男・廣石正和 訳『完全言語の探求』平凡社，2011 年〕

John Hutchins (2004). "Two precursors of machine translation: Artsrouni and Trojanskij." *International Journal of Translation* 16 (1): 11–31.

Philip P. Wiener (ed., 1951). *Leibniz Selections.* New York: Simon and Schuster.

第5章　機械翻訳のはじまり：初期のルールベース翻訳

この章については、ウィーバーおよびバー゠ヒレル自身による著作が多数あるほか、ハッチンスがウィーバーについて（"Warren Weaver and the launching of MT: Brief biographical note"）、またバー゠ヒレルについて（"Yehoshua Bar-Hillel: A philosopher's contribution to machine translation"）述べた文章があり、どちらも *Early Years in Machine Translation*（前掲）に収録されている。

Yehoshua Bar-Hillel (1958 [1961]). "Some linguistic obstacles to machine translation." *Proceedings of the Second International Congress on Cybernetics* (Namur, 1958), 197–

207, 1961 (reprinted as Appendix II in Bar-Hillel 1959).

Yehoshua Bar-Hillel (1959). "Report on the state of machine translation in the United States and Great Britain." Technical report, 15 February 1959. Jerusalem: Hebrew University.

Yehoshua Bar-Hillel (1960). "The present status of automatic translation of languages." *Advances in Computers* 1: 91–163.

Richard H. Richens (1956). "A general program for mechanical translation between two languages via an algebraic interlingua." *Mechanical Translation*, 3(2): 37.

Karen Sparck Jones (2000). "R. H. Richens: Translation in the NUDE." In *Early Years in Machine Translation* (W. J. Hutchins, ed.). Amsterdam: John Benjamins, 263–278.

Warren Weaver (1949 [1955]). "Translation." Reproduced in *Machine Translation of Languages* (W. N. Locke and D. A. Booth, eds.). Cambridge, MA: MIT Press, 15–23.

第 6 章　1966 年の ALPAC レポートと、その影響

ALPAC レポートとそれに関する論評、特にジョン・ハッチンスによる批評は、インターネット上でもすぐに見つかる。

The Automatic Language Processing Advisory Committee (1966). "Language and Machines—Computers in Translation and Linguistics." Washington, DC: National Academy of Sciences, National Research Council.（ALPAC レポートという通称のほうがよく知られている）

John Hutchins (2003). "ALPAC: The (in)famous report." In *Readings in Machine Translation* (S. Nirenburg, H. L. Somers, Y. Wilks, eds.), 131–135. Cambridge, MA: MIT Press.

John Hutchins (1988). "Recent developments in machine translation: A review of the last five years." In *New Directions in Machine Translation*: *Conference Proceedings*, *Budapest 18–19 August 1988* (D. Maxwell, K. Schubert, and T. Witkam, eds.), 7–62. Foris Publications (Distributed Language Translation 4), Dordrecht.

Anthony G. Oettinger (1963). "The state of the art of automatic language translation: an appraisal" In *Beiträge zur Sprachkunde und Informationsverarbeitung*, vol.2, 17–29.

第 7 章　パラレルコーパスと文アラインメント

本章で扱うトピックの概要については、ティーデマンの著書 *Bi-text Alignment*（Morgan and Claypool Publishers, 2011。詳しい出典は前掲）が参考になる。そのほか、歴史に残る研究論文のいくつかが、この分野では今なお重要性が高い。

William A. Gale and Kenneth W. Church (1993). "A program for aligning sentences in bilingual corpora." *Journal of Computational Linguistics* 19 (1): 75–102.

Martin Kay and Martin Röscheisen (1993). "Text-translation alignment." *Journal of Computational Linguistics* 19 (1): 121–142.

第8章　用例ベースの機械翻訳
用例ベースの手法の長所と限界については、入手しやすく良質な研究論文が出そろっている。

Makoto Nagao (1984). "A framework of a mechanical translation between Japanese and English by analogy principle." In *Artificial and Human Intelligence* (A. Elithorn and R. Banerji, eds.). Elsevier Science Publishers, Amsterdam.

Eiichiro Sumita and Hitoshi Iida (1991). "Experiments and prospects of example-based machine translation." *Proceedings of the Twenty-Ninth Conference of the Association for Computational Linguistics*, 185–192. Berkeley, CA.

Thomas R. Green (1979). "The necessity of syntax markers: Two experiments with artificial languages." *Verbal Learning and Verbal Behavior* 18: 481–496.

Harold Somers (1999). "Example-based machine translation." *Machine translation* 14 (2): 113–157.

Nano Gough and Andy Way (2004). "Robust large-scale EBMT with marker-based segmentation." *Proceedings of the Tenth International Conference on Theoretical and Methodological Issues in Machine Translation*, 95–104. Baltimore, MD.

第9章　統計的機械翻訳と単語アラインメント
特に重要な文献（統計的機械翻訳に関するコーンの著作と、コーパスアラインメントに関するティーデマンの著作）については前掲。統計的機械翻訳に関心がある方はぜひ、1980年代後半から1990年代はじめにかけてIBMのチームが発表した歴史的な論文を熟読されたい。

Peter Brown, John Cocke, Stephen Della Pietra, Vincent Della Pietra, Frederick Jelinek, Robert Mercer, and Paul Roossin (1988). "A statistical approach to language translation." In *Proceedings of the Twelfth Conference on Computational Linguistics*, Vol. 1, 71–76. Association for Computational Linguistics, Stroudsburg, PA. http://dx.doi.org/10.3115/991635.991651/.

Peter F. Brown, John Cocke, Stephen A. Della Pietra, Vincent J. Della Pietra, Frederick Jelinek, John D. Lafferty, Robert L. Mercer, and Paul S. Roossin (1990). "A statistical approach to machine translation." *Computational Linguistics* 16 (2): 79–85.

Peter F. Brown, Vincent J. Della Pietra, Stephen A. Della Pietra, and Robert L. Mercer (1993). "The mathematics of statistical machine translation: Parameter estimation." *Computational* Linguistics 19 (2): 263–311.

統計的機械翻訳について、研究論文やチュートリアル、フリーソフトウェアへのリンクなど膨大な情報がウェブサイト（http://www.statmt.org）で公開されている。

第10章　セグメントベースの機械翻訳
統計的機械翻訳については、おそらく前掲のウェブサイト（http://www.statmt.org）が最大規模の情報源だが、ここにはセグメントベースの機械翻訳に関する情報もある。

Kenneth Church (2011). "A pendulum swung too far." *Linguistic Issues in Language Technology*, 6(5).

第 11 章　統計的機械翻訳の課題と限界

第 10 章と同様、http://www.statmt.org が参考になる。

Kenneth Church (2011). "A pendulum swung too far." *Linguistic Issues in Language Technology*, 6(5).

第 12 章　ディープラーニングによる機械翻訳

グッドフェロー他による著作は、専門的だがディープラーニングの入門書として手頃で理解しやすい。商用システムについては、各社のブログ記事、たとえば Google AI のブログ（https://research.googleblog.com/2016/09/a-neural-network-for-machine.html）や Systran のブログ（http://blog.systransoft.com/how-does-neural-machine-translation-work）も参考になる。Google 初の実用的なディープラーニング機械翻訳システムについて説明している論文も、一読の価値がある。

Ian Goodfellow, Yoshua Bengio and Aaron Courville (2016). *Deep Learning.* Cambridge, MA: MIT Press.〔Ian Goodfellow, Yoshua Bengio, Aaron Courville 著，岩澤有祐・鈴木雅大・中山浩太郎・松尾豊 監訳『深層学習』ドワンゴ，2018 年〕

Yonghui Wu, et al. (2016). "Google's neural machine translation system: Bridging the gap between human and machine translation." Published online. arXiv:1609.08144.

第 13 章　機械翻訳の評価

BLEU、NIST、METEOR の各評価手法については、次の 3 点の出版物に詳しい。

Kishore Papineni, Salim Roukos, Todd Ward, and Wei-Jing Zhu (2002). "BLEU: A method for automatic evaluation of machine translation." *Fortieth Annual Meeting of the Association for Computational Linguistics*, 311–318. Philadelphia.

George Doddington (2002). "Automatic evaluation of machine translation quality using n-gram cooccurrence statistics." *Proceedings of the Human Language Technology Conference*, 128–132. San Diego.

Satanjeev Banerjee and Alon Lavie (2005). "METEOR: An automatic metric for MT evaluation with improved correlation with human judgments." *Proceedings of Workshop on Intrinsic and Extrinsic Evaluation Measures for MT and/or Summarization at the Forty-Third Annual Meeting of the Association of Computational Linguistics*. Ann Arbor, MI.

また、以下 4 つの文献からも引用した。

Martin Kay (2013). "Putting linguistics back into computational linguistics." Conference given at the Ecole normale supérieure, Paris. http://savoirs.ens.fr/expose.php?id=1291/.

Philipp Koehn, Alexandra Birch, and Ralf Steinberger (2009). "462 machine translation systems for Europe." *Proceedings of MT Summit XII*, 65–72. Ottawa, Canada.

David Vilar, Jia Xu, Luis Fernando D'Haro, and Hermann Ney (2006). "Error analysis of machine translation output." *Proceedings of the Language Resource and Evaluation*

Conference, 697–702. Genoa, Italy.

John S. White, Theresa O'Connell, and Francis O'Mara. (1994). "The ARPA MT evaluation methodologies: Evolution, lessons, and future approaches." *Proceedings of the 1994 Conference, Association for Machine Translation in the Americas*, 193–205. Columbia, MD.

第14章　産業としての機械翻訳：商用製品から無料サービスまで

このトピックに関する研究は少ない。欧州委員会の翻訳総局が、ウェブサイトでデータを公表している（http://ec.europa.eu/dgs/translation/faq/index_en.htm#faq_4）。

企業に関する以下の概論が、2010年時点のデータとしては最も詳しいが、残念ながら業界の変化を考えるとデータが古い。

John Hutchins, on behalf of the European Association for Machine translation, (2010). "Compendium of translation software." http://www.hutchinsweb.me.uk/Compendium. htm.

また、この章のトピックに関する最新情報は、コンピューター科学と情報技術に関する専門の学術誌や機関誌のほか、金融関連の従来紙でも取り上げられている。

謝辞

同僚と友人の支援がなければ、この本は生まれなかっただろう。Michelle Bruni、Elizabeth Rowley-Jolivet、Pablo Ruiz Fabo、Bernard Victorri の各氏には、本書の準備段階でご協力いただいた。また、MIT Press の編集ならびに制作部門、なかでも Marie Lufkin Lee 氏と Katherine A. Almeida 氏にも感謝の意を表する。名前はあげないが、ていねいに読み込み、含蓄に富むコメントや提案をくださったレビューアー各位にもお礼の言葉を贈りたい。

解説：2020 年時点でのニューラル機械翻訳

中澤敏明

　多層のニューラルネットワークから成るディープラーニングがさまざまな分野で非常に大きな成果を挙げていることはすでにご存知のことと思う。機械翻訳の分野においても、2014 年に最初のニューラル機械翻訳と呼べるものが登場して以降、急速な成長を続けている。今でも Google 翻訳よりも精度が高いとされる DeepL 翻訳が登場するなど、その成長は止まるところを知らない。一部の限られた言語対、限られたドメイン（翻訳対象文書の種類）においては、人間の翻訳精度と同等（Human Parity とも呼ばれる）、もしくはそれ以上という報告もされるようになってきた。

　しかし機械翻訳結果を細かく見れば、人間が間違えることはまずない箇所で誤った翻訳がされていたり、一部の翻訳が抜けていたりなど、まだまだ人間の翻訳には及ばないことは明白である。本書では人間の言語は曖昧なものの組み合わせでできており、囲碁などとは違い正解にたどり着くための探索がより困難であると指摘されている。これはまさにその通りであるが、これに加えて、機械翻訳をはじめとする文を生成しなければならないような問題では、そもそも「正解」が一つではないという点も重要である。たとえば 10 人の人間の翻訳者に、ある文を別の言語に翻訳するよう指示したとすると、その翻訳結果はまさに十人十色となる。しかもそのすべてが正解なのである。囲碁では勝つか負けるかというように正解がはっきりしているため、機械が正解への道筋を学習することは比較的容易なのだが、文を生成するような問題においては正解自体が曖昧なため、機械学習がより一層難しいのである。このような問題としては機械翻訳のほかにも、文書要約や機械に小説を書かせるといったものが挙げられる。

ニューラル機械翻訳の概要

　本書第 12 章とも一部重なるが、ニューラル機械翻訳の概要を改めて見ておこう。

　ディープラーニングにおける学習は階層的であり、基本的な要素から始まっ

て徐々に大きな単位を認識し、最終的には全体的な構造を学習すると言われている。たとえば人の顔を認識するニューラルネットワークにおいて、入力に近い層で学習されたパラメーター（数値列、ベクトルとして表される）を画像として可視化すると、顔の輪郭の一部や眉毛のような、非常に局所的なパーツを学習していることが見て取れる。層が深くなるにつれ、目、鼻、口といったまとまった単位のパーツが学習されていき、最終的には人の顔全体の構造を学習しているということが分かっている。このような階層的な学習は、言語を扱うニューラルネットワークにおいても同様に行われているであろうことはさまざまな論文で報告されている。ただし言語を扱う場合には、学習されたパラメーターを直接可視化することができない（パラメーターがどのような情報をもっているのかを言葉で説明することができない）ため、学習されたパラメーターをグループ化し、同じグループに属する単語や句は意味的に近くなっていることを示したり、学習されたパラメーターを使って別のこと、たとえば単語の品詞推定や構文解析をさせ、その精度が高くなっていることを示したりするなどして、間接的に何が学習されているのかを示すことが多い。しかし逆に言うと、言語で表現することが難しいような曖昧性や同一性などのさまざまな側面を、ベクトルという形でうまく表現できており、それらが自動的に学習されている可能性があるのである。

　ところでこのような学習をニューラル機械翻訳ではデータを与えるだけで自動的に学習するため、統計翻訳とは異なり「前段で人の手が不要になる」と本書第12章では書かれているが、これは若干不正確である。確かに特別なことを考えずともネットワークの形さえ決めてしまえば、あとはニューラルネットワークが勝手に必要な情報をデータから学習してくれる（パラメーターの値を調整してくれる）が、そのネットワークの形自体は前段で人間が決める必要がある。なおネットワークの形を決めるようなパラメーターを、自動的に学習されるパラメーターと区別するために特にハイパーパラメーターと呼ぶ。本書第12章の後半でも触れられているが、ハイパーパラメーターには層の深さ、ベクトルの長さのほかにもさまざまなものが存在し、その組み合わせによって最終的なニューラル機械翻訳の精度に大きく差が出る場合もある。用いられるハイパーパラメーターの組み合わせは経験的に決められることが多いが、同じ組み合わせでも学習に使うデータが変わればうまく機能しないこともあり、ハイパーパラメーター

の調整はいまだに人の手によるところが大きい。たとえば顧客ごとにカスタマイズされたニューラル機械翻訳をプロダクトとして販売しているような会社では、このハイパーパラメーター調整にもかなりのコストをかけているという話も聞く。ただニューラル機械翻訳では、統計翻訳のときのようにさまざまなモジュールをうまく組み合わせる、といった職人技のようなものがないため、その点では扱いやすく、新しい翻訳システムを構築するコストも低いとも言える。

さて、ニューラルネットワークの中を通る情報は実数値のみである。画像を扱う場合には、画像はそもそも数値情報で構成されたものであるので、素直にニューラルネットワークに入力することができるが、言語を扱う場合には工夫が必要だ。最もシンプルな方法は、ワンホット（one-hot）ベクトルで単語を表現し、これを入力するというものである。ワンホットベクトルは単語の種類数と同じだけの次元をもち、各次元が1つの単語に対応している。たとえば「機械」という単語をワンホットベクトルで表すと、「機械」に対応する次元の値が1になっており、それ以外の次元はすべて0となっているのである。これで単語を数値としてニューラルネットワークに入力することができる。

しかしワンホットベクトルは非常に高次元であるにもかかわらず、ほとんどの次元が0となっていて情報量が少なく、また0と1の2つの値しか取らないなどの性質があり、あまり旨味がない。そこでこれを低次元で、連続値（実数値）からなり、0となっている次元がないような密なベクトルに変換してから扱うことが一般的である。これが「単語埋め込み」と呼ばれるものであり、ニューラル機械翻訳が統計翻訳を凌駕したキーポイントのひとつである。

単語埋め込みもデータから自動的に学習される。学習の方法はいろいろあるのだが、根底にあるのは1954年にHarrisが提案した「分布仮説（distributional hypothesis）」という考え方である。これは「同じ文脈で出現する異なる単語は似た意味をもつ」というもので、別の解釈をすると単語の意味は周りに出現する単語で定義されるということになる。古くはある単語の周りに出現する単語の頻度をベクトルの要素の値として用いて、ある単語の表現とするという手法が用いられており、これを発展させたものが単語埋め込みである。学習された単語埋め込みには面白い性質があることがわかっている。たとえばkingを表すベクトルからmanを表すベクトルを引き、さらにwomanを表すベクトルを足すと、queenを表すベクトルに近いものが得られ、ParisからFranceを引き、

Italy を足すと Rome に近いベクトルになるのである。つまりこの単語埋め込みが、何かしらの形で単語の意味のようなものを保持していると言うことができるのである。

統計翻訳までは文字や単語などの「記号」の上で翻訳を行っていたため、同じ意味だが表記の異なる単語（同義語）や、逆に同じ表記だが文脈により意味の異なる単語（多義語）を扱うことが難しかったが、単語埋め込みによりこれらがベクトルとして自然に表現できるようになった。つまり同義語であれば同じようなベクトルに埋め込まれることで同じように訳出できるようになり、多義語であれば文脈によって異なるベクトルに埋め込まれることで、適切に訳し分けができるのである。一方で、このベクトルはその単語の周辺の単語を見ることで作られるため、まったく意味の異なる単語でも周りの単語の出現が非常に似ている場合に、誤って同じようなベクトルに埋め込まれてしまうことがある。これがニューラル機械翻訳で稀に発生する、入力された文とはまったく関係ない訳語が出力されてしまう誤りの原因となる。統計翻訳では表記の異なる単語は基本的には別のものとして扱われるのでこのような翻訳誤りはほとんど発生せず、ニューラル機械翻訳特有の現象と言える。

なおここで「文脈によって」という表現を用いたが、この「文脈」について少し補足しておく。現在利用可能なニューラル機械翻訳サービスはほとんどが1文ごとに翻訳を行っている。複数の文からなる文章を入力したとしても、裏で文ごとに分割され、それぞれに独立に、前後の文の情報を利用することなく翻訳される。このため多くの場合、文脈という表現は文内の情報のみを指している。文をまたぐ文脈を考慮していないということは、文章の翻訳を行う際にさまざまな弊害が生まれることは容易に想像できよう。たとえば訳語の一貫性が保たれない、省略された語を適切に補えない、代名詞が何を指しているかが分からないため、正しい動詞の性が分からないなどである。近年、これらの問題を解決するために文書翻訳を目標とした研究も数多く発表されており、近いうちにある程度解決する可能性もある。

ニューラル機械翻訳のタイプ

一口にニューラル機械翻訳と言ってもさまざまなタイプが存在する。もちろんハイパーパラメーターの値が異なれば異なるネットワーク構造になるので、

厳密に言えば異なる機械翻訳ということもできるが、ここではこのような些細な違いではなく、大きな枠組みとして3つのニューラル機械翻訳のタイプを簡単に紹介する。

　2014年に最初に提案されたニューラル機械翻訳の枠組みは、エンコーダーとデコーダーでそれぞれ独立のリカレントニューラルネットワーク（Recurrent Neural Network, RNN）を採用したものであった。ニューラルネットワークは基本的にはネットワークの形が固定であり、ある決まった大きさ（長さ）の入力が1つ来たときに、それに対する出力が1つ得られるというものである。しかしこれではさまざまな長さが存在する文を扱うには都合が悪い。RNNは文中の単語を1つずつ順に読み込んでいくという方法をとることにより、任意の長さの文を扱えるようにしたものである。このRNNをエンコーダーとデコーダーそれぞれで採用することで、任意の長さの入力から任意の長さの出力を生成できるのである。エンコーダーですべての単語を読み込み終えた際に出力されるベクトルが、入力文全体を表すベクトルと考えることができるため、これをデコーダーに渡すことで、デコーダーはエンコードされた入力文の情報を使って翻訳文を作り出す。デコーダーもRNNであるため、翻訳文は先頭から順に1単語ずつ生成される。

　この方法では任意の長さの文が扱えるのであるが、長い文であっても短い文であっても決まった長さのベクトルに文の情報がエンコードされる。すると当然長い文であればあるほどうまくエンコードできなくなり、そこから翻訳文を生成しようとしても失敗してしまう。つまり入力文が長くなればなるほど、翻訳の精度が低下してしまうのである。これを解決するために2015年に導入されたのが注意機構（アテンションモジュール）である。注意機構を用いるにあたり、これまでのように入力文全体を1つのベクトルにエンコードするのではなく、1単語ずつ読み込んだ途中の状態もすべて保存しておくことにする。また先頭から順に単語を読み込むRNNと、末尾から順に単語を読み込むRNNの2種類を同時に用いるようにする。入力文の各単語に、前後の文脈を考慮したうえで異なるベクトルが作られるイメージである。注意機構の役割は、デコーダーが次に出力するべき単語を決定する際に、入力文のどの部分を翻訳するべきかを伝えることにある。デコーダーが1単語出力するごとに注意機構が次に翻訳すべき部分を計算により求め、その部分に相当するベクトルの重み付き和を取り、

これをデコーダーに伝えることで、デコーダーは翻訳すべき部分に適切な訳語を1つ出力するのである。このような仕組みにより、長い入力文であってもエンコードされた情報は単語レベルで保存されており、それを適切に参照することで、精度よく翻訳できるようになるのである。

しばらくはRNN＋注意機構の構造をもつニューラル機械翻訳が広く用いられていたが、2017年にTransformerと呼ばれるまったく新しい構造を持ったニューラル機械翻訳が登場した。TransformerはRNNを用いず、2種類の注意機構のみから構成されている。RNN＋注意機構型のニューラル機械翻訳では注意機構は出力と入力をつなぐために使われていた。このタイプの注意機構を新たにsource-target attention（原言語‐目的言語注意）と呼ぶことにする。もうひとつの注意機構はself-attention（自己注意）と呼ばれるもので、原言語内もしくは目的言語内で、つまりエンコーダーもしくはデコーダー内で各単語のベクトル表現を得るために用いられる。エンコーダーにおいて入力文中のある単語について考えると，同じ入力文の中で注目する（もしくは関係の深い）単語の重みを計算したものがself-attentionであり，入力の各単語のベクトル表現をself-attentionの値で重み付き和を取ったものが，その文内での単語のベクトル表現となる。同様にして他の入力単語についてもベクトル表現が計算されるが、self-attentionの値は単語ごとに変化する。RNNでは1単語ずつ読み込むことで各単語の文内でのベクトル表現を計算していたため、遠い位置にある単語どうしの関係を捉えることが難しかったが、self-attentionを用いると文内の他のすべての単語との関係を直接捉えることができ、また入力文内で自分と関係の深そうな単語への重みが大きくなるように学習され、結果として文の構造のようなものを反映することができる。たとえば代名詞の場合はその先行詞への重みが大きくなるように学習されたり、動詞と補語が離れた位置にあっても動詞から見た補語への重みが大きくなったりする。デコーダーについても同様に自己注意が用いられる。

Transformer型のニューラル機械翻訳はRNN＋注意機構型よりも多くの場合で高い翻訳精度を達成するため、2020年の時点で多くのニューラル機械翻訳研究の基礎として採用されており、一部の汎用的なニューラル機械翻訳サービスにも採用されている。

ニューラル機械翻訳における未知語の問題

　ニューラル機械翻訳は急速に進歩しており、翻訳の精度も向上していることは事実であるが、いまだに根本解決には至っていない問題も残されている。たとえば訳抜けや過剰訳、繰り返しの発生など、過不足のない翻訳が困難である問題はニューラル機械翻訳の動作原理に起因するものであるため、根本解決が難しい問題のひとつである。また先にも触れたが、多くのニューラル機械翻訳で前の文を考慮していないため、正確な翻訳を行うために文をまたぐ情報が必要となるような現象には対応できない。そして非常に大きな問題として残されているのが、本書でも触れられている未知語の問題である。

　統計翻訳における未知語の問題は、機械翻訳の訓練に用いた対訳コーパスに含まれない語や句（out-of-vocabulary, OOV と呼ばれる）が入力文に現れた際に翻訳できないというものがほとんどであった。ニューラル機械翻訳においても OOV は未知語の問題として同様に残っているが、実はニューラル機械翻訳においては訓練に用いた対訳コーパスに含まれている語や句であっても、未知語となってうまく翻訳できないことがある。これはとても不思議なことであるが、原因はニューラル機械翻訳で扱える語彙サイズが限られているためである。これはニューラルネットワークのしくみ上の制限ではなく、計算量的な問題や、ニューラルネットワークをうまく学習するうえでの制限である。先に説明した RNN ＋注意機構や Transformer を最初に提案した論文内でも、語彙サイズは 3 万から 4 万と設定されていた。ニューラル機械翻訳の初期の頃は対訳コーパス中の頻度の多いものから順に語彙として採用し、外れたものはすべて共通のタグ、たとえば未知語（Unknown Words）を表す UNK などに置き換えてしまうという方法がとられた。この方法では訓練用の対訳コーパスに出現する語であっても、数％が UNK に置き換えられるため、そもそも翻訳できない語となってしまうのである。

　OOV であっても UNK であっても、翻訳結果にそのまま出力され、原文のどの単語が OOV や UNK であったのかの情報があれば、後から辞書で置き換えるなどして対処することができる。統計翻訳では基本的には OOV に相当する語が翻訳結果に原文表記のまま出力されるしくみであったためこのような対処が容易であったが、ニューラル機械翻訳ではそう単純ではない。というのもニューラル機械翻訳では過不足のない翻訳を行うことができないため、UNK に

置き換えられた語が翻訳文に出力されなかったり、UNK が複数回出力されてしまったりといったことが発生する。こうなってしまうと、辞書等で自動的に後編集することが不可能となってしまうのである。

　ニューラル機械翻訳における未知語の問題を低減する方法はいくつか提案されたのだが、現在のほとんどのニューラル機械翻訳で採用されているスタンダードな方法は、サブワード（sub-word）と呼ばれる単位を用いるというものである。未知語が発生する原因は、単語を翻訳の単位として扱ううえで、世の中に存在する単語が無限に存在するためである。一方で文字を翻訳の単位として用いれば原理的に未知語はなくなるが、単語の情報が失われるため翻訳の精度が低下することは容易に想像ができる。サブワードは単語と文字の中間に位置するような単位のもので、高頻度の単語はそのまま単語として語彙に含めるが、低頻度の単語はより小さい部分に分割してしまうというものである。たとえば "player" という単語をサブワードに分割すると "play" + "er" というように、それぞれが高頻度のサブワードに分割される。このサブワードを用いることで、ある程度意味のある単位を保持したまま未知語の数を大いに減らすことができる。

　さて、ここで未知語の数を減らせると書いたが、これは見かけ上の未知語が減っているにすぎない。上記の "play + er" のような分割であれば、翻訳精度に大きな影響を与えない可能性が高いが、たとえば「我孫子」という地名を 1 文字ずつのサブワードにしてしまうと、それぞれのサブワードが独立の異なる意味ももつため誤訳が発生する可能性が高まる。このように特に固有名詞や専門的に使われるような語は頻度も少ないため、多くの場合サブワードに分割され誤訳の原因となってしまう。このような問題の単純な解決法としては、上記のUNK の処理と同様の方法をとることが考えられる。低頻度語や絶対に翻訳を誤ってはいけないような語がある場合、対訳辞書をあらかじめ用意しておき、サブワード化する前にたとえばDIC のような特別なタグに置き換えておく。これを翻訳すると、うまくいけば翻訳文中に DIC が現れるので、これを後から対訳辞書を用いて翻訳するのである。ただし、すでにお気づきのとおり、この方法も完璧なわけではない。

　さらにこのサブワードが原因で、人間の翻訳者は絶対にしないであろう翻訳誤りも発生する。それは翻訳する必要のない語の誤訳である。たとえば数字や化学式、URL などは翻訳せずにそのままコピーすればいいのだが、何も特別な

処理をせずにサブワード化するとバラバラに分解されてしまう。このバラバラになったものをデコーダーは過不足なく、同じ順序で復元しないといけないのだが、「過不足なく」というのが困難であることはすでに説明したとおりである。このため、数字や化学式、URLなど、翻訳の必要がないものでさえ、誤訳が発生するのである。このように未知語の問題はいまだにニューラル機械翻訳における大きな問題として残っているのである。

　ここで、ニューラル機械翻訳独特の面白い現象も紹介しておく。数字はそのまま訳出すればよいと書いたが、そうでない場合も当然存在する。たとえば中国語には500gを表す「斤」や50gを表す「両」という単位が存在し、「一斤」を別の言語に訳す場合には「500g」などというように訳す必要がある。このような計算を伴う翻訳であっても、十分な量の対訳コーパスで学習をさせると、自動的に計算して翻訳できたりするのである。ニューラルネットワークは原理的にはどのようなものでも学習できると言われており、このような現象もその一例と言える。

ニューラル機械翻訳に関するその他の話題

　ニューラル機械翻訳に関する研究としては、単にある言語で書かれた文を別の言語に変換するというものだけではなく、さまざまなものが提案されている。ここではそのうち3つを紹介する。

　1つ目はマルチモーダル機械翻訳である。ニューラルネットワークは数値で表されてさえすればどんな情報でも扱えるという特徴がある。これを活かして、機械翻訳において画像などの言語以外の情報も同時に使おうというものである。たとえば画像についているキャプションを他の言語に訳す場合に、その画像の情報も同時に用いることで、文からだけでは分からないような情報を画像から抽出し、より正確な翻訳を行おうという試みである。ただ、現状ではどのような状況でも画像を使うとよい、という結果にはなっておらず、画像の情報が役立つ状況は非常に限定的であるという報告が多い。たとえば特許文の翻訳などでは文献中の画像情報も見ながら翻訳しなければならないこともあるようだが、このような場面でも有効であるかと言われると難しいというのが現状である。

　2つ目は教師なし機械翻訳である。これは機械翻訳の訓練には必須であるはずの対訳コーパスを用いずに（＝教師なし）、各言語の単言語コーパスや少量の対

訳辞書だけを用いて機械翻訳システムを構築するというものである。もちろん対訳コーパスが十分にある状況ならば、対訳コーパスを用いて通常どおりの方法で機械翻訳を構築するほうが精度はいいのだが、たとえば対訳コーパスが用意できないような、言語資源の乏しい言語との間の翻訳を行いたい場合に、それぞれの言語で大規模な単言語コーパスを収集できれば、教師なしで機械翻訳システムを構築することも可能となる。ただしこの教師なし機械翻訳がうまくいくのは、言語体系が近い言語対のみであるという報告もあり、今後もさらなる研究がされるであろう分野のひとつである。

　3つ目は多言語ニューラル機械翻訳である。ニューラル機械翻訳ではすべての翻訳過程が数値計算で行われる。ということは、言語に関係なく単語や文の意味を世界共通の空間にマッピングできれば、どのような言語からどのような言語にも翻訳できる、というのが発想の原点である。これはちょうど、ヴォクワの三角形（第3章の図2）の頂点である中間言語に近いものと言うこともできるかもしれない。研究レベルではGoogle社が2019年に、100以上の言語と英語の間の対訳コーパスを250億文以上すべて同時に使って、1つのニューラル機械翻訳を訓練したところ、それぞれの対訳コーパスを独立に用いて訓練した機械翻訳よりも翻訳精度が向上し、その向上幅は言語資源の乏しい言語のほうが大きかったと報告している。また直接の対訳コーパスが存在しない言語対間の翻訳も行えるようになるとのことである（これをゼロショット翻訳と呼ぶ）。

　このように、ニューラル機械翻訳はさまざまな可能性を秘めており、今後もいろいろと新たな研究が発表されるであろう。もちろん実用的かと言われるとそうではないものもあるが、今後の発展次第ではいろいろと応用される可能性は十分にある。

ニューラル機械翻訳とどう付き合うか

　ここまで述べてきたように、ニューラル機械翻訳にはまだ多くの可能性が残されていると同時に、解決すべき問題も多く残っており、今後もかなりのスピードで研究が進むと思われる。これは機械翻訳という分野に限らず、AI技術全体の発展にも関係している。ニューラルネットワークという共通の基盤の上に成り立っている以上、他の分野で得られた知見が機械翻訳で効果的にはたらいたり、またその逆が起こることは十分にありうることである。

ニューラル機械翻訳はすでにさまざまな場面で使われており、時にはその存在に気づかないことさえある。もちろんこれが役立つ場面も多くあると思うが、一方で機械翻訳はその正確性を保証することは（少なくとも現時点では）できないので、人手のチェックなしには誤訳が一定量含まれてしまうことは避けられない。機械翻訳をチェックなしにそのままウェブに掲載してしまったり、メール等で情報発信してしまったりして問題視されることも時折ある。このような事象が発生すると「やはり機械翻訳なんて使うべきではない」という意見を言う人がいるのだが、これはナンセンスである。人間の翻訳者であっても機械であっても、誤りを1つも発生させないことは不可能だ。だからこそISO17100（翻訳の国際規格）で規定されているように、翻訳のチェック工程が必須なのである。当然、機械翻訳であってもチェックをすることが必須であるはずなのだが、このチェックをしなかったものに対して「機械翻訳を使うな」と言うのは、いささか論点がずれていると言わざるをえない。翻訳の需要が供給を大きく上回っており、翻訳されずに残っている文書が大量に存在する現状で、機械翻訳を導入することは自然な流れである。ただし、機械翻訳は万能ではないということは十分に理解しておかなければならない。機械翻訳を提供する側は、当然自社の製品をよく見せようとするが、その真贋を見極める目を利用者側ももっておく必要がある。そういう意味でも、本書はその足がかりとなりうるのではないかと思う。

　いずれにせよ、人間の翻訳と機械翻訳はまったく敵対するものではないし、ましてや機械翻訳は人間の翻訳者に取って代わるものではまったくない。そもそも機械翻訳は人間が行う翻訳のごく一部しか扱うことができないのである。そのごく一部においては、人間の翻訳者が不要になる可能性は十分あるが、その分、人間は機械ができないような高度な翻訳を行えばよい。つまり、機械にでもできる翻訳は機械にやらせておけばいいのである。今後は今まで以上に、機械翻訳をいかに効率的、効果的に利用するかを研究者、翻訳者、利用者などの区別なく、全体として皆で考えていく必要があると思う。

訳者あとがき

高橋聡

　機械翻訳（MT）、または自動翻訳。これまで数々の小説や漫画・アニメ、映画・ドラマに登場してきた夢の装置もしくはシステムです。本書の第1章に登場する「バベルフィッシュ」もそのひとつですし、『スター・ウォーズ』サーガに出てくるドロイド「C-3PO」は600万の言語を翻訳できることになっています。もっとも、日本人がいちばんよく知っている万能翻訳機といえば、きっと「ほんやくコンニャク」でしょう。

　しかし、現実の世界でMTといえば、「大意（gist）はつかめることもあるが、たいていは珍妙で愉快な訳を出してくるシステム」という認識が一般的でした。それが、2016年にGoogleも採用したニューラル翻訳の登場で一変し、それ以来MTは社会的にも大きく注目されるようになっています。

　さて、本書（原題は、ずばりMachine Translation）はそんな機械翻訳について概要をつかむのに格好の一冊です。MTに関する類書はすでに数多く出ていますが、本書でいちばんありがたいのは、数式が（ほとんど）出てこないこと。各種MT手法の原理を、数式に拠らず言葉だけで説明しています。専門家から見ると、やや冗長だったり舌足らずだったりする部分もありそうですが、私のような数学オンチにはありがたいアプローチです。そのうえで、MTの歴史が、第3〜12章に適度な分量でまとめられています（第3章は通史）。この流れを読むと、MTが生まれた必然性から、各手法の基本概念と限界がよく分かります。ニューラル機械翻訳（NMT）が主流になった今となっては、もう今さらな情報と思えそうですが、今を知るうえで有用な歴史です。まず辞書とルールによる手法があり、その限界を超えるために統計的な考え方が生まれ、統計的手法をベースにしつつビッグデータの時代になってNMTが実現したという流れがよく分かるからです。たとえば、ヨーロッパ言語と日本語の間に大きな壁があるためか、日本ではMTの実用化も評価も遅れていましたが、なぜヨーロッパやカナダでは早くからMTが発達してきたか、その必然的な理由もよく理解できます。

　ただし、出版年（2017年）の関係で、最新のNMTについてはぎりぎり間に合っ

たという程度です（第12章）。その後わずか2、3年のあいだにもNMTは著しく進化しており、つい最近もドイツ発のDeepLというサービスが始まって、大きな注目を集めているところです。そこで、第12章以降から現時点までのMT最新事情については、NMTの最前線に詳しい中澤敏明先生が解説を付けてくださいました。

本書の特長は、それだけではありません。そもそも「良い翻訳」と何なのかという根本的な問いかけから始まります（第2章）。私たち翻訳者にとっては自明の話なのですが、一般の読者にはMTの話に入る前に不可欠な導入になっています。産業としての使われ方や応用技術が現在どうなっているかという観点も（第14章）、特にこれから翻訳業界に入りたいと考えている人は知っておくとよさそうです。

機械翻訳という、古くて新しい技術を、技術面からだけではなく人間の言語活動の一環としてとらえ、かつ翻訳産業という視点も踏まえている点で、本書はかなりuniqueと言えます。

ところで、そうしたMTをめぐる日本の現状はどうかというと、残念ながらあまり良いとは言えません。MTには、いろいろな立場の人が関わっています。①MTの基礎を作る研究者、②基礎概念をシステム化して提供するプロバイダー、③MTをソリューションとして利用する一般企業や官公庁、④翻訳業務に取り込み、"効率化とコスト削減"をめざす翻訳会社、⑤私たち翻訳者です。今度こそ実用になると期待が高まっているせいなのか、残念ながら個々の関係者の意識や思惑がうまくかみ合っていない印象なのです。

まず、社会的にもいちばん目立つのが、MTの出力をそのまま公開し、とんでもない誤訳を世に送り出してしまう利用現場の問題です。そのたびに運用上の問題は指摘されますが、MTの限界を知らないせいか、知っていて人手や予算をかけられないからなのか、呆れるような事例が後を絶ちません。一般新聞・雑誌などの報道にも、姿勢が疑問視される内容が少なくない気がします。つい最近も、ある雑誌でDeepLの実力が紹介されましたが、出力例の出し方にかなり作為を感じました。作為ではなく単なる認識不足・取材不足なのかもしれませんが。

一方、翻訳会社はどこもMTの実地導入に必死です。翻訳業界における値下げ傾向はしばらく前から続いているので、MTはコスト削減の最後の切り札な

のでしょう。国際的な競争を考えれば、それも当然の動きと理解はできます。そういう翻訳会社が翻訳者に発注する仕事では、ポストエディット（PE、第6章と第14章を参照）が増えています。

　そうした状況に直面している私たち翻訳者の立場もさまざまです。MT による "誤訳事件" が起こるたびに、翻訳者からは MT 批判が噴出しますが、「だから MT なんてダメ」という議論はあまり意味がありません。研究者の皆さんは限界をよく分かっています。疑問を感じざるをえないのは、プロバイダーの売り方あたりからです。「精度95％以上」などという謳い文句もありますが、20個に1個も間違いがある翻訳など使いものになりません。でも、予算圧力に苦しみながらソリューションを利用する側は、その数字をほぼ100％と信じてしまうのでしょうか。翻訳会社の MT 導入と PE 推進にも、本筋をはき違えた例が散見されます。

　なかには、自ら積極的に MT を導入する翻訳者もいます。PE については、すでに実績のある翻訳者が難色を示す傾向もあるので、これからは新しい専門職として確立する可能性があります。ただし、その仕事に翻訳力、ましてや語学力が不要などということは断じてありえません。おそらく、指向性がまったく異なる新しい仕事になるのでしょう。さらには、MT の発展で翻訳者の仕事はなくなるのか、ということもたびたび話題になります。実際、MT の精度でかなりまでまかなえる種類の仕事が減っているのは確かです。もしかすると、PE の需要のほうが主流になる可能性もあります。それでも、最終的に翻訳者の仕事がなくなることは絶対にないはずです。

　なぜなら、言葉には情報伝達という側面と、表現という側面があるからです。純粋に情報伝達しか必要ないのであれば、MT だけで済む時代がくるかもしれません。が、人はそこにさまざまな「表現」を加えたい生き物です。表現として使われる言葉のバリエーションは無限であり、MT がデータから学習あるいは推測できる範疇を軽々と超えています。文芸翻訳までいわなくても、ニュースですら（本書では MT 導入が容易な分野にあげられていますが）、ライターによる表現の個性は無限大です。これを MT が標準的にこなせるようになる日は、そうそう訪れないのではないでしょうか。

　2045年にいわゆるシンギュラリティーが訪れる日には、そんな表現まで翻訳できるようになっているのかどうか──それはまだ誰にも分かりません。

索引　＊太字は「用語集」に掲載

英数字

ALPAC レ ポ ー ト　22, 47, 122, 152
Apertium　107
Apple　155
Bing 翻訳　20, 23, 120, 139, 141, 143
BLEU スコア　126
CETA（機械翻訳研究セン ター）　42, 53
CSLi　143, 146
DARPA　122
DeepL 翻訳　172
Facebook　120, 141, 143
FAHQ（M）T（完全自動の 高品質な翻訳）　45, 49, **162**
Google　117, 138, 155
　—翻訳　20, 23, 100, 104, 120, 139, 140, 145, 148, 172
　DeepMind　112
HTML　62, 67
IBM　23, 38, 42, 79, 93, 121, 140
　—モデル　83, 114, 131
Meteo　54
METEOR スコア　126
Microsoft　141, 155
n-gram　127, 132
NIST スコア　126
NTT ドコモ　150
OOV（out-of-vocabulary）　178
Promt　142, 145
RNN（リカレントニューラルネッ トワーク）　176
Samsung　146, 155
Siemens　55
Systran　53, 106, 120, 137, 140, 142
Transformer　177
Twitter　141, 143
WMT（Workshop on Mac hine Translation）　128
WordNet　11, 100, 126

あ行

曖昧性　10, 33, 44, 75, 156, **162**, 173
　意味論的な—　39
アテンション（注意）　117, 176
アライメント　57
　単語—　76
　文—　63
　両方向—　94
アルトゥルーニー、ジョルジュ　27
暗号　32, 35
意味解析（器）　22, 45, 72, 99, **162**
意味論　35, 99, 109, 127, **162**
イライザ（ELIZA）　2
ウィーナー、ノーバート　32
ウィーバー、ウォーレン　31, 91
『Translation』　34
ヴィトゲンシュタイン、ルートヴィ ヒ　111
ヴォクワ、ベルナール　42
ヴォクワのトライアングル　18, 53, 97, 100, 181
エンコーダー　114, 176
エンコード（符号化）　32, 90, 114
音声認識　154
音声翻訳　148

か行

階層型学習　112
活用　31, **162**
慣用句　21, 110, **162**
稀少言語　103, 107, 155, 181
期待値最大化（EM）アルゴ リズム　85
教師なし機械翻訳　180
句　10, 95, **162**
屈折　9, 29, **162**
クロスランゲージ情報検索　147
形式文法　35, 39
形態素　**163**
　—解析（器）　31, **163**

形態統語論　**163**

形態論　9, **163**
軽動詞　9, **163**
膠着語　131, 132, **163**
構文解析器　97, **163**
コーパス　40
　JRC-Acquis　60, 131, 137
　欧州議会　60, 129, 137
　自動収集　107
　ハンサード（カナダの国会 議事録）　59, 66
語義　13, **163**
固有名詞　67, 100

さ行

再現率　75, **163**
辞書　11, 106, 109
　—的（語彙的）な手法　67
自然言語処理　10, 32, 52, 122
字幕生成　148
シャノン、クロード　32
小説（文芸）の翻訳　8, 63, 121
商用製品　143, 154
ジョージタウン大学　38, 42, 55, 144
助詞　74
人工言語　24, 35, 39
　ヴォラピュクとエスペラント　26
　プログラミング言語　40
　ユニバーサルネットワーキン グ言語　27
人工知能　2, 8, 14, 156
深層学習→ディープラーニング
ステミング　31
スマートフォン　149, 155
スミルノフ＝トロヤンスキー、 ピョートル・ペトロヴィッチ　28, 152
生起　**164**
成句　9, 21, **164**
成層文法　41

セグメントベースの機械翻訳
92, 131
接頭辞、接尾辞　11, 131, **164**
ゼロショット翻訳　181
前置詞　75, 77, 132
ソース言語　1, 5

た行
ターゲット言語　1, 5
多義語　175
多義性　39, 110
多言語ニューラル機械翻訳
181
単語埋め込み　115, 174
注意機構→アテンション
中間言語　17, 24, 39, **164**, 181
　NUDE　41
　一方式　17
チューリング、アラン　2
諜報　48, 107, 139, 145, 154
直接翻訳方式　16, 38, 99
チョムスキー、ノーム　39
ディープラーニング　21, 23,
　91, 105, 145, 157, 172,
　一による機械翻訳（ニュー
　　ラル機械翻訳）　112
　一による機械翻訳の課題
　　117
デカルト　25
適合率　75, **163**
デコーダー　90, 114, 176
デコード（復号）　32, 90
同義語　100, 115, 127, 175
統計的機械翻訳　20, 58, 76,
　115
　一の課題と限界　101
同源語　67
統語　9, 97, 116, **164**
　一解析　45, 52, 131
　一木　73, 98
　一構造　**164**
同祖語、同族語　**164**
　偽りの一　7
特徴量　113
特許　138, 148
トランスファー規則　18, 39, 52,
　72, 105, 118, 145, **164**

な行
長尾真　69
日本語　74, 102, 118, 138, 150
ニューラル機械翻訳　→　ディー
　プラーニング
ニューラルネットワーク　116,
　157, 172
認知科学／脳　2, 12, 113, 156
ネッカーの立方体　12, 113
稔性確率　88

は行
バー＝ヒレル、ヨシュア　37,
　152
　1959年のレポート　44, 51
パーサー→構文解析器
バイテキスト　57, 82
ハイパーパラメーター　173
ハイブリッドなシステム　106,
　134, 145
「バベルフィッシュ」（アダムス）
　1, 158
パラレルコーパス　57, 76, 143
　一の自動生成　61
ピボット（言語）　17, 39, 103
評価（機械翻訳の）　121
　自動評価　125
表層形式　9, **164**
品詞タグ　72, **165**
　一付けツール　**165**
ファース、ジョン・ルパート
　111, 114
ブース、アンドリュー　31
複合語　9, 21, 28, 102, 131, **165**
富士通　27
普遍言語　24, 111
不明瞭性　10, 33, **165**
分布仮説　174
文法機能　9, 132, **165**
文脈　12, 34, 110, 131, 156, 174,
　175
ベイズの定理　80
ベッヒャー、ヨハン・ヨアヒム
　25
ポストエディット　54, 151
翻訳支援システム　29, 45, 51,
　150

翻訳者　6, 14, 50, 58, 69, 129,
　138, 151, 172, 182
翻訳メモリー　40, 58, 142, 150

ま行
マーサー、ロバート　58, 103
マルチモーダル機械翻訳
　180
見出し　**165**
　一語形　11, **165**
未知語（未知の単語）　117,
　133, 178
無料オンラインソフト　140

や・ら行
歪み確率　88
良い翻訳　6
用例ベース機械翻訳　58, 69
ライプニッツ　25
ルールベース機械翻訳　16,
　30, 106, 117
レンマ→見出し語形
レンマタイザー　72, **165**

著　者　ティエリー・ポイボー（Thierry Poibeau）

フランス国立科学研究センター（CNRS）研究部長、同センター LATTICE（Langues, Textes, Traitements informatiques et Cognition）研究所副所長。Ph.D.（計算機科学）。専門の自然言語処理のほか、言語獲得、認知科学、認識論、言語学の歴史を関心領域とする。

訳　者　高橋聡（たかはし・あきら）

翻訳家。日本翻訳連盟副会長。共著書に『できる翻訳者になるために プロフェッショナル4人が本気で教える翻訳のレッスン』（講談社，2016年）などがある。

解　説　中澤敏明（なかざわ・としあき）

東京大学大学院情報理工学系研究科 特任講師。専門は自然言語処理、特に機械翻訳。共著書に『機械翻訳』（2014年，コロナ社）がある。

編集担当　丸山隆一（森北出版）
編集責任　富井　晃（森北出版）
組　　版　コーヤマ
印　　刷　丸井工文社
製　　本　同

機械翻訳　歴史・技術・産業　　　　　　　　版権取得 *2019*
2020年9月28日　第1版第1刷発行　　【本書の無断転載を禁ず】

訳　　　者　高橋聡
発 行 者　森北博巳
発 行 所　森北出版株式会社
　　　　　　東京都千代田区富士見 1-4-11（〒102-0071）
　　　　　　電話 03-3265-8341／FAX 03-3264-8709
　　　　　　https://www.morikita.co.jp/
　　　　　　日本書籍出版協会・自然科学書協会　会員
　　　　　　JCOPY ＜（一社）出版者著作権管理機構 委託出版物＞

落丁・乱丁本はお取替えいたします.

Printed in Japan／ISBN978-4-627-85181-8